PRÜFUNGSTRAINING

BwR 9./10. Klasse

Realschulabschluss • Bayern

Udo Weierich

AF637195

STARK

© 2022 STARK Verlag GmbH
www.stark-verlag.de

Das Werk und alle seine Bestandteile sind urheberrechtlich geschützt. Jede vollständige oder teilweise Vervielfältigung, Verbreitung und Veröffentlichung bedarf der ausdrücklichen Genehmigung des Verlages. Dies gilt insbesondere für Vervielfältigungen, Mikroverfilmungen sowie die Speicherung und Verarbeitung in elektronischen Systemen.

Inhalt

Vorwort

Liebe Schülerinnen und Schüler,

Sie kennen sicher folgende Situation: Die BwR-Schulaufgabe naht und die neuen Buchungssätze schwirren noch ungeordnet im Kopf herum. Dieses handliche und klar strukturierte Buch umfasst den gesamten Prüfungsstoff im Fach BwR von der 7. bis zur 10. Klasse in komprimierter Form. Es wird Ihnen helfen, rasch einen Überblick über den jeweiligen Prüfungsstoff zu bekommen und die notwendige Sicherheit vor Schulaufgaben und natürlich auch vor der Abschlussprüfung zu gewinnen.

Das Übungsbuch ist so aufgebaut, dass ein selbstständiges Arbeiten einfach möglich ist:

- Zu jedem Thema sind die theoretischen Grundlagen erklärt und verständlich zusammengefasst.
- Alle Buchungssätze und Kalkulationen werden beispielhaft und übersichtlich vorgestellt.
- Komplexe Zusammenhänge werden in Übersichten anschaulich dargestellt.
- Zahlreiche themenbezogene Übungsaufgaben im Anschluss an jedes Kapitel bieten die Möglichkeit, den Unterrichtsstoff selbst einzuüben.
- Zu jeder Aufgabe gibt es am Ende des Buchs eine ausführliche Lösung. Damit können Sie überprüfen, ob Ihre Lösung richtig ist.

Wie bei der Abschlussprüfung werden auch hier die Themen anhand eines Beispielunternehmens besprochen.

Über den **Online-Code** erhalten Sie außerdem Zugang zu **interaktiven Übungsaufgaben** mit sofortiger Ergebnisauswertung und interaktiven Lösungen, die Sie in kleinen Schritten zum Ergebnis führen.

ActiveBook
Interaktives Training

Ich wünsche Ihnen viel Erfolg beim Lernen mit diesem Buch!

Udo Weierich

Das Beispielunternehmen

Robert Maier ist Inhaber des Unternehmens *eX-treme Bike e. K.*
Das Unternehmen produziert in seinem Stammwerk in München hochwertige Sport- und City-Fahrräder.

Im Zweigwerk in Bamberg hat sich das Unternehmen auf die Herstellung von E-Bikes spezialisiert.

Informationen zum Unternehmen

Inhaber	Robert Maier
Rechtsform	Einzelunternehmen
Geschäftsjahr	1. Januar bis 31. Dezember
Unternehmensphilosophie	hochwertige, innovative Fahrräder für qualitätsbewusste Kunden

Werkstoffe und Handelswaren

Rohstoffe	Stahl-/Aluminiumrohre, Carbon …
Fremdbauteile	Bremsen, Pedale, Schaltungen, Akkus …
Hilfsstoffe	Farben, Schrauben ...
Betriebsstoffe	Strom, Wasser, Heizöl, Schmiermittel …

1 Basiswissen

Belege

Eigenbelege: vom eigenen Unternehmen erstellt, z. B. Ausgangsrechnungen, Lohnlisten, Durchschriften von Quittungen
Fremdbelege: von anderen Unternehmen/Behörden ausgestellt, z. B. Eingangsrechnungen, Kontoauszüge

Businessplan

In einem Businessplan werden die Geschäftsidee und die Rahmenbedingungen für das Unternehmen formuliert.

Geschäftsidee: z. B.
- Welches Produkt/welche Dienstleistung wird angeboten?
- Welchen Nutzen haben die Kunden?
- Was sind die Unternehmensziele?
- Welcher Standort?

Marktsituation: z. B.
- Welche Kundengruppe wird angesprochen?
- Wie ist die Konkurrenzsituation?

Finanzplanung: z. B.
- Wie hoch ist der Kapitalbedarf (Kredite)?
- Wie hoch sind die Kreditkosten?

SWOT-Analyse:

Beispiel SWOT-Analyse für *eX-treme Bike*

Stärken (strengths)	Schwächen (weaknesses)
z. B. hochwertige Produkte, umweltfreundliche Produktion	z. B. kleines Unternehmen, starke internationale Konkurrenz
Chancen (opportunities)	**Risiken (risks)**
z. B. steigende Bedeutung des Umweltgedankens	z. B. hohe Investitionskosten, steigende Preise für Werkstoffe

Eigentumsvorbehalt

Eine verkaufte Ware bleibt so lange Eigentum des Verkäufers, bis sie vollständig bezahlt ist.

Einteilung von Unternehmen …

- nach Wirtschaftssektoren
  Primärer Sektor: Land- und Forstwirtschaft
  Sekundärer Sektor: Industrie und Handwerk
  Tertiärer Sektor: Dienstleistungen
- nach Art der Leistungserstellung

Fertigungsunternehmen
Erzeugung von Sachgütern • Handwerk: kleine/mittlere Unternehmen, überwiegend handwerkliche Produktion, ausgebildete Fachkräfte • Industriebetriebe: oft Einsatz von Robotern, neben Fachkräften auch ungelernte Arbeiter
Dienstleistungsunternehmen
Erbringung von Leistungen • Handelsunternehmen: Kauf und Verkauf von Waren • sonstige Dienstleister: Angebot von Serviceleistungen, z. B. Reparatur, Beratung, Pflege …

Firma

Name, unter dem ein Kaufmann/eine Kauffrau die Geschäfte betreibt. Die Rechtsform muss im Namen erkennbar sein.

Grundsätze ordnungsgemäßer Buchführung (GoB)

Die Buchführung muss klar, übersichtlich, vollständig, richtig, durch Belege nachvollziehbar, geordnet, sicher und zeitgemäß sein. Die Aufbewahrungsfrist für Bilanzen, Belege und Handelsbücher beträgt zehn Jahre.

Handelsregister

Öffentliches Verzeichnis, das i. d. R. vom Amtsgericht geführt wird. Ein Unternehmen muss im Handelsregister (HRA = Handelsregister Abteilung A) u. a. mit folgenden Informationen eingetragen sein: Sitz, Name des Inhabers, Unternehmenszweck, Rechtsform. Jeder kann das Register einsehen und sich über einen Geschäftspartner informieren.

Inventur/Inventar

Bei einer *Inventur* werden alle Vermögensgegenstände und Schulden durch Zählen, Wiegen und Messen erfasst. Dies geschieht zu Beginn des Handelsgewerbes und am Ende eines jeden Geschäftsjahres (GJ).

Das *Inventar*, ein ausführliches Verzeichnis des Vermögens und der Schulden in Staffelform, ist das Ergebnis einer Inventur.

Inventurdifferenzen

Das Ergebnis der Inventur stimmt nicht mit den Schlussbeständen der Konten überein. *Mögliche Gründe:* Diebstahl, Fehler beim Erfassen der Waren (Wareneingang, Inventur), Fehler in der Buchführung.

Just-in-time-Produktion

Die benötigten Werkstoffe werden von den Zulieferern genau dann geliefert, wenn sie in der Fertigung benötigt werden.
Vorteil: geringe Lagerkosten
Nachteil: Bei verspäteter Lieferung kann es zur Unterbrechung der Produktion kommen.

Kennzeichnung „®“

registrierte Marke, die rechtlich geschützt ist

Kundenorientierung

Ein Unternehmen muss sich an den Wünschen der Kunden orientieren: schnelle Bedienung, gute und freundliche Beratung, hohe Qualität, einfach zu bedienende Produkte, schnelle Lieferung etc.
Kann ein Unternehmen dies nicht bieten, sind Unzufriedenheit bei den Kunden, Schädigung des Ansehens, sinkende Verkaufszahlen und schließlich ggf. sogar Entlassungen von Mitarbeitern die Folge.

Outsourcing

Auslagerung von Leistungen, die bisher selbst erbracht wurden, an externe Unternehmen
Typische Beispiele: Buchhaltung, Marketing, IT-Dienstleistungen

Produktionsfaktoren

- *Arbeit:* Mitarbeiter
- *Werkstoffe:* Roh-/Hilfs-/Betriebsstoffe, Fremdbauteile
- *Betriebsmittel*: z. B. Produktionshalle, Maschinen, Fahrzeuge
- *Wissen*: z. B. Unternehmensleitung, Fach- und Führungskräfte

Rechtsformen

Die Rechtsform legt fest, wem das Unternehmen gehört, wer die Entscheidungen trifft, wer bei Zahlungsunfähigkeit haftet, wer das Kapital einbringt und wer wie viel vom Gewinn erhält.

Beispiele für Rechtsformen:

<table>
<tr><th colspan="2">Einzelunternehmen</th></tr>
<tr><td colspan="2">eingetragener Kaufmann (e. K.)/eingetragene Kauffrau (e. Kfr.)
• Inhaber: eingetragener Kaufmann/eingetragene Kauffrau
• Leitung des Unternehmens durch den Eigentümer
• Haftung des Eigentümers mit dem Geschäfts- und Privatvermögen
• Eigentümer hat Anspruch auf den gesamten Gewinn</td></tr>
<tr><th colspan="2">Gesellschaftsunternehmen</th></tr>
<tr><th>Personengesellschaften</th><th>Kapitalgesellschaften</th></tr>
<tr><td>Offene Handelsgesellschaft (OHG)
Kommanditgesellschaft (KG)
(hier nicht näher ausgeführt, da nicht lehrplanrelevant)</td><td>Aktiengesellschaft (AG)
• Inhaber: alle Aktionäre
• Vorstand leitet unter Kontrolle des Aufsichtsrats das Unternehmen
• Haftung jeweils mit investiertem Kapital
• Gewinnausschüttung: Dividende pro Aktie
• Mindestkapital 50.000 €
Gesellschaft mit beschränkter Haftung (GmbH)
• Inhaber: ein oder mehrere Gesellschafter
• Leitung durch Geschäftsführer
• Haftung mit jeweiligem Geschäftsanteil
• anteilige Gewinnausschüttung
• Mindestkapital 25.000 €</td></tr>
</table>

Standortfaktoren

Gesamtheit aller Faktoren, die ein Unternehmer bei der Wahl eines Standorts berücksichtigt

- *harte Standortfaktoren* (gut messbare Faktoren): z. B. Nähe zu Zulieferern/zum Absatzmarkt, Verfügbarkeit von Arbeitskräften (qualifiziert/billig) und Rohstoffen, Infrastruktur (Verkehrswege, Energieversorgung etc.), Steuersätze, Grundstückspreise
- *weiche Standortfaktoren* (schwer messbar): z. B. Wohnqualität, Erholungsmöglichkeiten, Image einer Stadt, Freizeitwert

Umweltschutz

Unternehmen können die Umweltbelastung mindern, z. B. durch Luftfilter, durch die Nutzung wiederverwertbarer Verpackungen, durch Abfalltrennsysteme, durch Kläranlagen etc.
Umweltschutz kostet das Unternehmen Geld (z. B. Bau einer Kläranlage), bietet aber Einsparpotenziale (mehrmalige Nutzung des Wassers) und kann das Image verbessern.

Unternehmensziele

Ökonomische Ziele	Soziale Ziele	Ökologische Ziele
z. B. Gewinn steigern, Marktanteil erhöhen	z. B. Arbeitsplatzsicherheit, gute Arbeitsbedingungen, gerechter Lohn	z. B. Abfallvermeidung, nachhaltige Produktion

Werkstoffe (vgl. Beispielunternehmen *eX-treme Bike*)

- *Rohstoffe:* Hauptbestandteile des Endproduktes
- *Hilfsstoffe:* Nebenbestandteile des Endproduktes
- *Fremdbauteile:* werden von anderen Unternehmen bezogen und unverändert ins Endprodukt eingebaut
- *Betriebsstoffe:* werden für die Produktion benötigt, gehen aber nicht ins Endprodukt ein

Zertifizierung

Zertifizierungen werden von unabhängigen Stellen durchgeführt. Mit Zertifikaten können Unternehmen nachweisen, dass z. B. bestimmte Normen/Qualitätsstandards eingehalten oder regionale Produkte bei der Herstellung verwendet werden (*z. B. EMAS:* Das Gütesiegel der Europäischen Union zeigt, dass ein Unternehmen ein Umweltmanagementsystem eingeführt hat).

Aufgaben

1 Eigen- oder Fremdbeleg? Ordnen Sie zu.

Kontoauszug • Materialentnahmeschein • Bescheid des Finanzamts • Lohnliste • Rechnung an einen Kunden

2 Unterscheiden Sie die Begriffe „Inventur“ und „Inventar“.

3 Formulieren Sie jeweils ein konkretes ökonomisches, soziales und ökologisches Unternehmensziel.

4 Nennen Sie jeweils zwei Standortfaktoren, die für die folgenden Unternehmen wichtig sind: *Supermarkt* • *Softwareentwickler* • *Automobilhersteller*

5 Ordnen Sie die folgenden Eigenschaften jeweils einer Werkstoffart zu: *unverändert im Produkt eingesetzt* • *Nebenbestandteil des Produktes* • *im Produktionsprozess verbraucht*

6 Unterscheiden Sie die Rechtsformen „Einzelunternehmen“ und „GmbH“.

7 Erstellen Sie einen knapp gehaltenen Businessplan für ein Unternehmen aus der Umgebung Ihres Wohnorts:

- Formulieren Sie die Geschäftsidee.
- Analysieren Sie die Marktsituation.
- Nehmen die Finanzplanung vor.
- Erstellen Sie eine SWOT-Analyse.

8 Kundenorientierung ist ein wesentlicher Faktor für den Erfolg eines Unternehmens. Formulieren Sie drei Maßnahmen, die zu einer engen Beziehung zwischen *eX-treme Bike* und seinen Kunden beitragen können.

9 Nennen Sie einen Vorteil und einen Nachteil des Outsourcing.

2 Von der Eröffnungs- zur Schlussbilanz

Zu Beginn des Geschäftsjahres liegt die **Eröffnungsbilanz** vor.

Beispiel

AKTIVA	Bilanz 1. Januar 20..		PASSIVA
MA	250.000,00	EK	325.000,00
FO	75.000,00	LBKV	100.000,00
BK	125.000,00	VE	25.000,00
…	…	…	…
	1.750.000,00		1.750.000,00

2.1 Eröffnung der Konten

Die Bestandskonten werden mit den Anfangsbeständen (AB) aus der Eröffnungsbilanz eröffnet. Bei **Aktivkonten** steht der AB im Soll, sie mehren sich im Soll und mindern sich im Haben. Der Schlussbestand (SB) wird im Haben erfasst. Bei **Passivkonten** erfolgt der Eintrag jeweils entgegengesetzt.

Beispiel

S	0700 MA	H
AB	**250.000,00**	– Minderung
+ Mehrung		*Schlussbestand*

S	3000 EK	H
– Minderung	**AB**	**325.000,00**
Schlussbestand		+ Mehrung

2.2 Laufende Buchungen während des Geschäftsjahres

Während des Geschäftsjahres sind auf Basis von Belegen die Geschäftsfälle ordnungsgemäß zu erfassen.

Beispiel Kauf einer Maschine auf Ziel, 12.000,00 € netto

0700 MA	12.000,00 €			
2600 VORST	2.280,00 €	an	4400 VE	14.280,00 €

2.3 Jahresabschluss: In vier Schritten zur Schlussbilanz

Schritt 1: Vorbereitende Abschlussbuchungen
Schritt 2: Abschluss der Erfolgskonten (→ Ermittlung Jahreserfolg)

Schritt 3: Abschluss des Kontos 8020 GUV
Schritt 4: Abschluss der Bestandskonten

Schritt 1: Vorbereitende Abschlussbuchungen

Beispiele

- **Abschluss der Unterkonten**
  Das Konto 6001 BZKR weist einen Saldo von 3.800,00 € auf.

6000 AWR		an	6001 BZKR	3.800,00 €

- **Bewertung der Sachanlagen (Abschreibungen)**
  eX-treme Bike schreibt eine Maschine ab, Abschreibungsbetrag 12.000,00 €.

6520 ABSA		an	0700 MA	12.000,00 €

- **Erfassung von Bestandsveränderungen im Lager**
  eX-treme Bike verbucht einen Mehrbestand in Höhe von 18.000,00 € bei den Rohstoffen.

2000 R		an	6000 AWR	18.000,00 €

- **Bewertung von Forderungen**
  eX-treme Bike nimmt bei den einwandfreien Forderungen eine Pauschalwertberichtigung in Höhe von 2.800,00 € vor.

6950 ABFO		an	3680 PWB	2.800,00 €

- **Periodenrichtige Erfolgsermittlung**
  eX-treme Bike hat am 01.08. die Kfz-Steuer für 1 Jahr im Voraus bezahlt, 1.200,00 €. Buchung am 31.12.

2900 ARA		an	7030 KFZST	700,00 €

Schritt 2: Abschluss der Erfolgskonten

Die Erfolgskonten werden über das Konto 8020 GUV abgeschlossen. Auf diese Weise lässt sich der Reingewinn/Reinverlust ermitteln.

Beispiel

S	6000 AWR		H
VE	26.000,00	1) GUV	**39.800,00**
BK	13.800,00		
	39.800,00		39.800,00

S	5000 UEFE		H
2) GUV	**65.000,00**	FO	42.000,00
		FO	23.000,00
	65.000,00		65.000,00

S	8020 GUV		H
1) AWR	**39.800,00**	**2) UEFE**	**65.000,00**
AWH	12.000,00	EMP	44.500,00
LG	42.000,00		
3) EK	**15.700,00**		
	109.500,00		109.500,00

- Abschluss des Kontos 6000 AWR

1) 8020 GUV		an	6000 AWR	39.800,00 €

- Abschluss des Kontos 5000 UEFE

2) 5000 UEFE		an	8020 GUV	65.000,00 €

Schritt 3: Abschluss des Kontos 8020 GUV

- Abschluss des Kontos 8020 GUV (hier: Reingewinn)

3) 8020 GUV		an	3000 EK	15.700,00 €

- Buchung im Falle eines **Reinverlustes** von z. B. 4.000,00 €

3000 EK		an	8020 GUV	4.000,00 €

Schritt 4: Abschluss der Bestandskonten

Die Schlussbestände werden im Konto 8010 SBK gesammelt.

Beispiel

S	Schlussbilanzkonto am 31. Dezember 20..		H
1) MA	**270.000,00**	**2) EK**	**340.700,00**
FO	65.000,00	LBKV	50.000,00
BK	85.000,00	VE	16.000,00
…	…	…	…
	1.787.000,00		1.787.000,00

- Abschluss des **Aktivkontos** 0700 MA, Saldo 270.000,00 €

1) 8010 SBK		an	0700 MA	270.000,00 €

- Abschluss des **Passivkontos** 3000 EK, Saldo 340.700,00 €

2) 3000 EK		an	8010 SBK	340.700,00 €

2.4 Der Buchungskreislauf – Übersicht

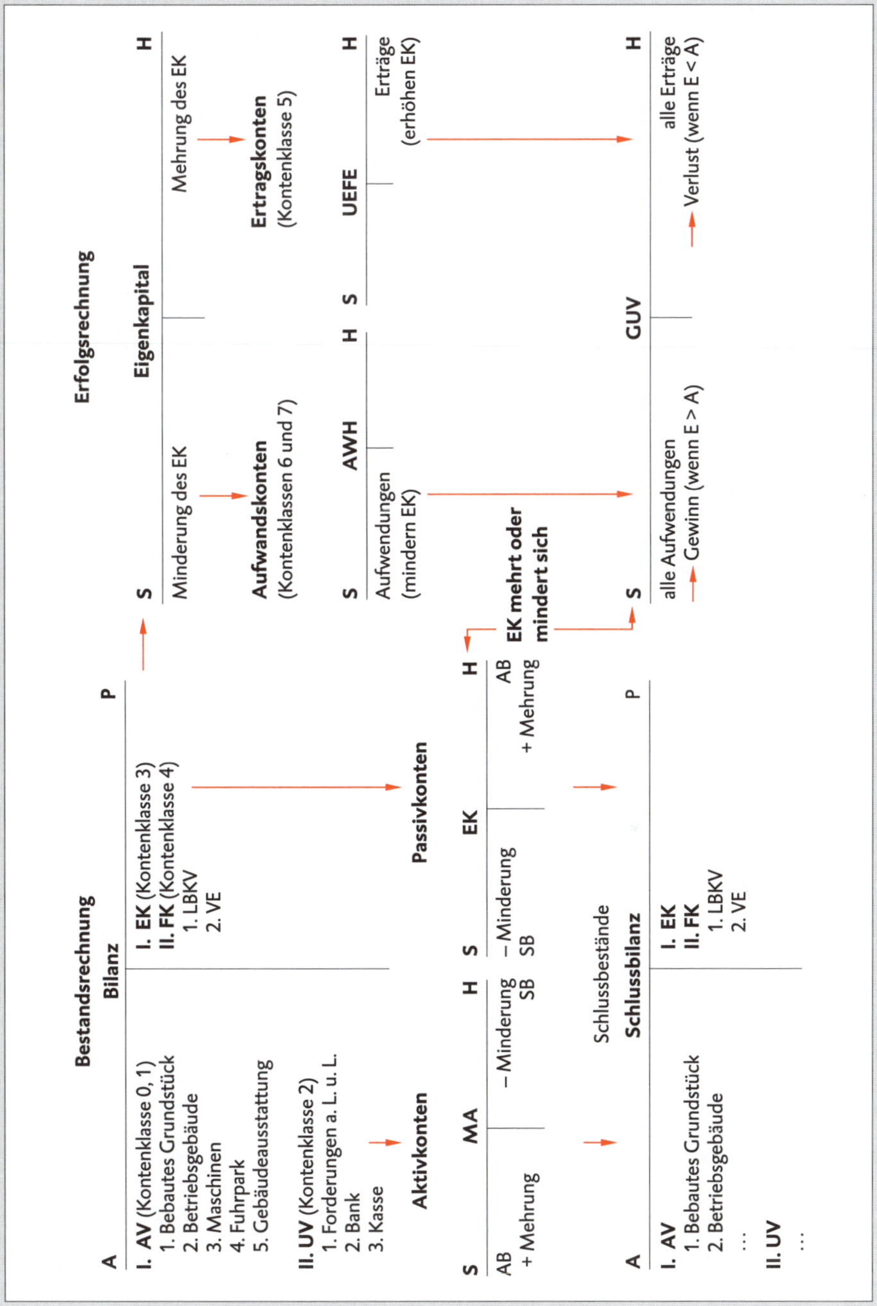

Aufgaben

Bearbeiten Sie folgende Aufgabenstellungen aus Sicht von *eX-treme Bike.*

Schritt 1: Vorabschlussbuchungen

10 Folgende Konten liegen vor:

S	6021 BZKH		H
VE	140,00		
KA	60,00		

S	5001 EBFE		H
FO	1.500,00		
FO	540,00		

a Bilden Sie die Buchungssätze für den Abschluss der beiden Unterkonten.
b Bilden Sie den Buchungssatz für Abschreibung der Lagerhalle, 11.000,00 €.

Schritt 2: Abschluss der Erfolgskonten (Hauptkonten)

11 Die Konten weisen zum Jahresende folgende Eintragungen aus:

S	6020 AWH		H
1) VE	3.450,00	NH	120,00
BK	1.380,00		
BZKH	200,00		

S	5000 UEFE		H
EBFE	2.040,00	2) FO	45.800,00
		FO	9.900,00
		BK	700,00

a Geben Sie einen möglichen Geschäftsfall zu Eintrag 1) im Konto AWH an.
b Geben Sie den Geschäftsfall zu Eintrag 2) im Konto UEFE an.
c Bilden Sie die Buchungssätze für den Abschluss der beiden Konten.

Schritt 3: Ermittlung des Jahreserfolgs und Abschluss des GUV-Kontos

12 Das Konto 8020 GUV weist folgende Eintragungen aus:

S	8020 GUV		H
AWR	34.000,00	UEFE	54.360,00
AWH	4.910,00	ZE	1.280,00
AWB	1.280,00		
ABSA	5.800,00		

a Berechnen Sie den Erfolg des Unternehmens.
b Bilden Sie den Buchungssatz für den Abschluss des Kontos 8020 GUV.

Schritt 4: Abschluss der Bestandskonten

13 Folgende Konten liegen zum Geschäftsjahresende vor:

S	2400 FO		H
AB	28.300,00	BK	1.600,00
UFE/UST	2.400,00	BK	3.500,00
UEFE/UST	4.300,00		

S	4400 VE		H
BK	2.400,00	AB	16.400,00
BK	800,00	AWR/VORST	4.400,00
		AWB/VORST	300,00

a Berechnen Sie die Salden der beiden Konten.
b Bilden Sie die Buchungssätze für den Abschluss der beiden Konten.

3 Einkauf von Werkstoffen

3.1 Einkaufskalkulation

Die Liefer-, Rabatt- und Skontobedingungen unterscheiden sich von Anbieter zu Anbieter. Nur eine umfassende Kalkulation ausgehend vom Listeneinkaufspreis ermöglicht einen stichhaltigen Vergleich der Angebote.

Beispiel

Kalkulationsschema	EUR	%	%
Listeneinkaufspreis	1.800,00		
– Liefererrabatt	270,00	15	
= **Zieleinkaufspreis**	1.530,00	85	100
– Liefererskonto	30,60		2
= **Bareinkaufspreis**	1.499,40		98
+ Bezugskosten	40,00		
= **Einstandspreis**	1.539,40		

Beim Angebotsvergleich ist aber nicht allein der Einstandspreis die entscheidende Größe. Auch **Zuverlässigkeit, Lieferzeit, Qualität** und **bisherige Geschäftsbeziehungen** sind zu berücksichtigen.

Optimale Bestellmenge

Bestellt man häufig und in kleinen Mengen, fallen **hohe Bezugskosten** (z. B. Fracht und Verpackung) an. Bestellt man dagegen weniger oft und große Mengen, **steigen die Lagerkosten** (z. B. Miete, Energiekosten). Die optimale Bestellmenge ist dann erreicht, wenn die **Gesamtkosten** (Summe aus Lagerkosten und Bezugskosten) **am niedrigsten** sind.

3.2 Buchung des Einkaufs

Beim Einkauf von Werkstoffen erfolgt im betroffenen **Aufwandskonto** (z. B. 6000 AWR) die Buchung **im Soll**. Die Bezugskosten (Porto, Verpackung, Zoll, Rollgeld, Fracht) werden auf einem **Unterkonto** (z. B. 6001 BZKR) erfasst.

Beispiel Zieleinkauf von Alurohren, Listenpreis netto 24.000,00 €, abzüglich 12 % Rabatt, zuzüglich Fracht 450,00 € netto

6000 AWR	21.120,00 €			
6001 BZKR	450,00 €			
2600 VORST	4.098,30 €	an	4400 VE	25.668,30 €

MERKE

Sofortrabatte werden **sofort** abgezogen und **nicht buchhalterisch erfasst**.

3.3 Rücksendungen

Bei Rücksendungen (aus Sicht des Käufers) wegen mangelhafter Lieferung, Lieferung einer zu großen Menge oder Falschlieferung wird der Einkauf rückgängig gemacht, entsprechend ist eine **Stornobuchung** notwendig. Das bedeutet, der ursprüngliche Buchungssatz wird umgekehrt.

Beispiele

- Rücksendung von Rohstoffen (fehlerhafte Lieferung), Gutschrift 12.000,00 € netto

4400 VE	14.280,00 €	an	6000 AWR	12.000,00 €
			2600 VORST	2.280,00 €

- Rücksendung der Leihverpackung an den Hilfsstofflieferer, Gutschrift 200,00 € netto

4400 VE	238,00 €	an	6021 BZKH	200,00 €
			2600 VORST	38,00 €

MERKE

Bei Rücksendungen muss immer eine **Vorsteuerkorrektur** vorgenommen werden.

3.4 Nachträgliche Preisnachlässe beim Einkauf

Gutschrift wegen Sachmangel

Der Kunde behält die mit leichten Fehlern behaftete Ware, erhält jedoch einen Preisnachlass.

Beispiel *eX-treme Bike* erhält eine Gutschrift des Lieferers von Hilfsstoffen aufgrund einer Mängelrüge, 500,00 € netto

4400 VE	595,00 €	an	6022 NH	500,00 €
			2600 VORST	95,00 €

Skonto vom Lieferer

Wird die Forderung innerhalb einer vorgegebenen Frist beglichen, gewähren die meisten Verkäufer Skonto. Der Skonto dient als Anreiz, die Schuld möglichst schnell zu begleichen.

MERKE

Skontobuchungen sind immer mit **Nebenrechnung** anzugeben.

Beispiel Begleichung der Eingangsrechnung vom Rohstofflieferer, Rechnungsbetrag 3.654,00 €, unter Abzug von 3 % Skonto per Banküberweisung

Nebenrechnung:

Rechnungsbetrag	3.654,00 €	↗	Nettoskonto	92,12 €
– 3 % Skonto	109,62 €			
= Überweisungsbetrag	3.544,38 €	↘	VORST-Anteil	17,50 €

4400 VE	3.654,00 €	an	2800 BK	3.544,38 €
			6002 NR	92,12 €
			2600 VORST	17,50 €

MERKE

Nachträgliche Preisnachlässe erfordern immer auch eine **Vorsteuerkorrektur**.

Aufgaben

Bearbeiten Sie folgende Aufgabenstellungen aus Sicht von *eX-treme Bike.*

14 Bilden Sie die Buchungssätze zu den folgenden Geschäftsfällen.

- a Barkauf von Schmiermitteln für 178,90 € netto
- b *eX-treme Bike* kauft 80 Meter Aluminiumrohre zum Listenpreis von 43,75 € pro Meter auf Ziel. Für die Leihverpackung werden zusätzlich 50,00 € netto in Rechnung gestellt.
- c Die Leihverpackung aus Aufgabe b wird zurückgesendet. *eX-treme Bike* erhält eine Gutschrift über 50 % des ursprünglich berechneten Betrages.
- d Aufgrund einer Mängelrüge erhält *eX-treme Bike* eine Gutschrift vom Schrauben-Lieferer über 79,73 € brutto.

15 *eX-treme Bike* benötigt 100 Scheibenbremsen für Mountainbikes und hat zwei Angebote eingeholt:

Angebot von *Bike-Techno*		**Angebot von *Cyclemaster***	
Listenpreis/Stück:	34,90 €	Listenpreis/Stück:	33,50 €
Rabatt:	ab 30 Stück 10 % ab 80 Stück 15 %	Rabatt:	ab 50 Stück 8 %
Fracht:	15,00 €	Lieferung frei Haus	
Zahlungsbedingung: Zahlung sofort nach Erhalt der Lieferung ohne Abzug		**Zahlungsbedingungen:** Zahlungsziel 60 Tage Bei Zahlung innerhalb von 10 Tagen 2,5 % Skonto	

- a Berechnen Sie jeweils den Einstandspreis für 100 Scheibenbremsen.
- b Geben Sie den Fachbegriff für die Lieferbedingung bei *Bike-Techno* an.
- c Nennen Sie drei Faktoren, die bei der Beurteilung eines Angebots neben dem Preis noch berücksichtigt werden.
- d *eX-treme-Bike* nimmt das Angebot von *Cyclemaster* aufgrund der besseren Qualität der Scheibenbremsen an.
  Bilden Sie den Buchungssatz für den Zielkauf von 100 Scheibenbremsen zu den vorliegenden Bedingungen.
- e *eX-treme Bike* bezahlt die Rechnung von *Cyclemaster* innerhalb der Skontofrist per Banküberweisung.
  Bilden Sie den Buchungssatz.

16 Erläutern Sie, was man unter der optimalen Bestellmenge versteht.

4 Bestandsveränderungen im Werkstofflager

Die Produktion erfolgt im „Just-in-time“-Verfahren. Um Lieferprobleme auszugleichen, wird im Lager ein **„eiserner Bestand“** geführt. Dieser wird auf Bestandskonten gebucht (z. B. 2000 R). Am Ende des Geschäftsjahres werden die Lagerbestände ermittelt.

Minderbestand	Mehrbestand
z. B. Hilfsstoffe: AB* > SB* → Es wurden mehr Hilfsstoffe verbraucht als eingekauft.	z. B. Fremdbauteile: AB < SB → Es wurden weniger Fremdbauteile verbraucht als eingekauft.

*AB = Anfangsbestand, *SB = Schlussbestand

Die Vorratskonten 2000 R, 2010 F, 2020 H und 2030 B sind **ruhende Konten**. Sie werden nur am Anfang und am Ende des Geschäftsjahres für die Ermittlung der Bestandsveränderung und des Schlussbestands benötigt.

Bestandsminderung (AB > SB)

Beispiel Aus dem Lager wurden Hilfsstoffe (Lack) im Wert von 3.000,00 € entnommen und verbraucht. Der Anfangsbestand bei den Hilfsstoffen betrug 14.000,00 €.

Schlussbestand (Inventar)	11.000,00 €
– AB (= SB Vorjahr)	14.000,00 €
= Bestandsminderung	–3.000,00 €

S	6020 AWH		H
VE	90.000,00	**2) GUV**	**93.000,00**
1) H	**3.000,00**		

S	2020 H		H
AB	14.000,00	**1) AWH**	**3.000,00**
		3) SBK	**11.000,00**

- Vorabschlussbuchung (zusätzlicher Aufwand: 6020 AWH)

1) 6020 AWH		an	2020 H	3.000,00 €
(Aufwand wird berichtigt)			(Lagerbestand verringert sich)	

- Abschlussbuchung Konto 6020 AWH

2) 8020 GUV		an	6020 AWH	93.000,00 €

- Abschlussbuchung Konto 2020 H

3) 8010 SBK		an	2020 H	11.000,00 €

Bestandsmehrung (AB < SB)

Beispiel Es wurden Rohstoffe im Wert von 1.900,00 € mehr eingekauft als verbraucht. Der Anfangsbestand betrug 7.500,00 €.

Schlussbestand (Inventar)	9.400,00 €
– AB	7.500,00 €
= Bestandsmehrung	1.900,00 €

S	6000 AWR		H
VE	90.000,00	**1) R**	**1.900,00**
		2) GUV	**88.100,00**

S	2000 R		H
AB	7.500,00	**3) SBK**	**9.400,00**
1) AWR	**1.900,00**		

- Vorabschlussbuchung (weniger Aufwand 6000 AWR)

(1) 2000 R		an	6000 AWR	1.900,00 €
(Lagerbestand mehrt sich)			(Aufwand wird berichtigt)	

- Abschlussbuchung Konto 6020 AWR

2) 8020 GUV		an	6000 AWR	88.100,00 €

- Abschlussbuchung Konto 2000 R

3) 8010 SBK		an	2000 R	9.400,00 €

Ermittlung des Werkstoffverbrauchs am Jahresende

Einkäufe Werkstoffe (netto)		(z. B. Hilfsstoffe)
+ Bezugskosten Werkstoffe (netto)		
– Rücksendung Werkstoffe (netto)		
– Preisnachlässe Werkstoffe (netto)		(Skonto, Mängelrüge)
entweder	+ Minderbestand	(zusätzliche Entnahme)
oder	– Mehrbestand	(nicht verbrauchte Werkstoffe)
= **Werkstoffverbrauch**		

Aufgaben

Bearbeiten Sie folgende Aufgabenstellungen aus Sicht von *eX-treme Bike.*

17 *eX-treme Bike* produziert „Just-in-time".

a Erklären Sie, was man unter „Just-in-time"-Produktion versteht.

b Erläutern Sie, weshalb *eX-treme Bike* trotz der „Just-in-time"-Produktion einen „eisernen Bestand" an Werkstoffen im Lager führt.

c Unterscheiden Sie die Konten 6020 AWH und 2020 H.

18 Folgende Informationen zu den Lagerbeständen liegen vor:

	Anfangsbestand	Schlussbestand
Rohstoffe	32.673,00 €	29.495,00 €
Hilfsstoffe	14.392,00 €	15.294,00 €

a Ermitteln Sie jeweils die Höhe und die Art der Bestandsveränderung.

b Bilden Sie die erforderlichen Buchungssätze zu den Bestandsveränderungen.

19 Übertragen Sie die beiden T-Konten auf Ihr Arbeitsblatt.

S	2010 F		H
AB	11.530,00		

S	6010 AWF		H
VE	14.300,00		
BK	2.600,00		
VE	8.400,00		

a Die Inventur ergab einen Mehrbestand bei den Fremdbauteilen von 6.500,00 €.
Bilden Sie den erforderlichen Buchungssatz.

b Tragen Sie den Mehrbestand in die Konten ein.

c Bilden Sie den Buchungssatz für den Abschluss des Kontos 2010 F und schließen Sie das T-Konto ordnungsgemäß ab.

d Erläutern Sie, wie es zu dem Mehrbestand bei den Fremdbauteilen kommen konnte.

5 Aspekte des Marketings

Unter Marketing versteht man alle Maßnahmen eines Unternehmens, die dazu beitragen, den Absatz der Produkte zu steigern.

5.1 Ziele des Marketings

Ökonomische Ziele	Psychologische Ziele
z. B. Steigerung von Umsatz und Gewinn, Steigerung des Marktanteils	z. B. Steigerung des Bekanntheitsgrads, Stärkung der Kundenbindung

Möglicher Zielkonflikt: z. B. hohe Qualität ↔ Kostensenkung

5.2 Bestandteile des Marketings

Zu den klassischen Bestandteilen des **Marketing-Mix** zählen die vier „P": Product, Price, Promotion, Place

„Product" – Produktpolitik

Welches Produktprogramm (hochwertige Produkte oder Massenware?; breites oder tiefes Sortiment?) und welcher Service werden angeboten?

Produktlebenszyklus

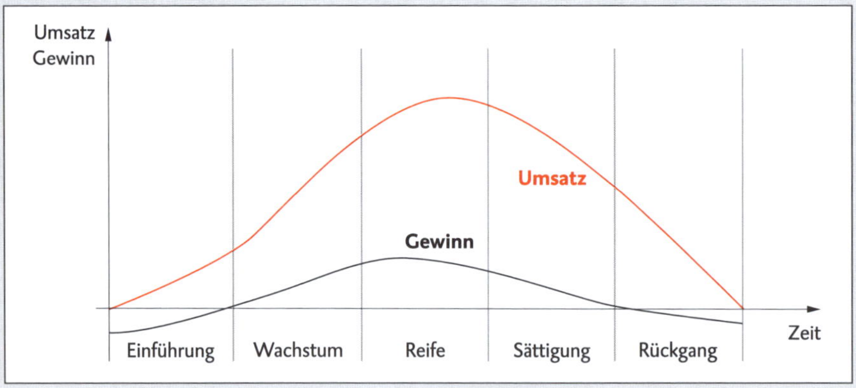

Bewertung des Sortiments mit der **Portfolio-Analyse**

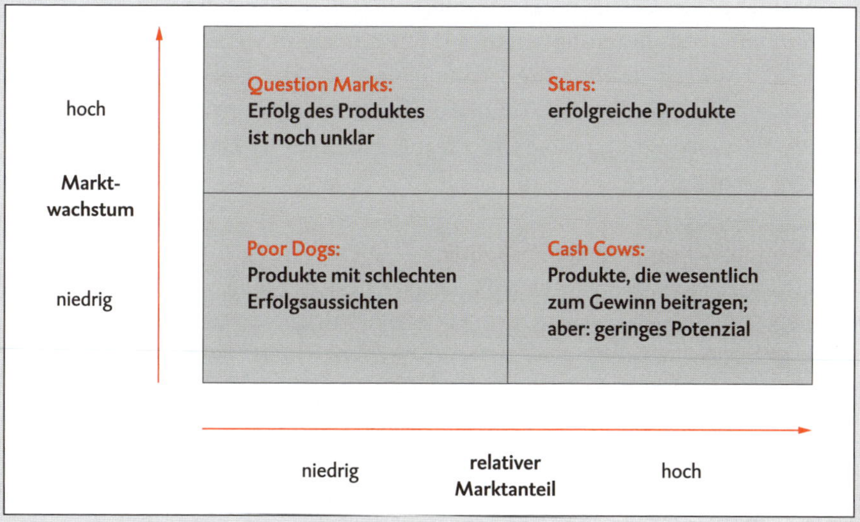

Strategien, die sich aus der Portfolio-Analyse ableiten lassen:

- *Poor Dogs:* vom Markt nehmen
- *Question Marks:* Risikobewertung → investieren oder vom Markt nehmen
- *Cash Cows:* aktuell mögliche Gewinne einfahren, aber keine großen Investitionen mehr tätigen
- *Stars:* weitere Investitionen, um Marktposition auszubauen

„Price" – Preispolitik

Zu welchem Preis sollen die Produkte/Dienstleistungen angeboten werden? Welche Liefer- und Zahlungsbedingungen gelten?

MERKE

Der Preis ist eines der Hauptinstrumente des Marketings.
Zu beachten sind: der Preis der Konkurrenz; der Preis, der vom Kunden akzeptiert wird; die Deckung der eigenen Kosten

Mögliche Preisstrategien:

- *Dumpingpreise:* Verkauf unterhalb der Herstellkosten/Selbstkosten, v. a. bei Markteintritt; Ziele: Verdrängung der Konkurrenz, Kundengewinnung
- *Niedrigpreisstrategie*: langfristig niedrige Preise, z. B. bei Lebensmittel-Discountern; Ziel: Gewinnerzielung über hohe Absatzmengen

- *Hochpreisstrategie:* Preis höher als bei der Konkurrenz; Strategie muss durch Qualität gerechtfertigt sein („Premium“); Ziel: hohe Gewinnspanne
- *Skimming* (Abschöpfungsstrategie): Einführung des Produktes mit hohem Preis, dann schrittweise Preissenkung; Ziel: rasche Deckung der Entwicklungskosten, dann Erschließung weiterer Kundengruppen
- *Schwellenpreise* (psychologische Preise): z. B. 9,99 €; Ziel: Preis wirkt günstiger, als er ist

„Promotion“ – Kommunikationspolitik

Mit welchen Maßnahmen werden Kunden/Zielgruppen angesprochen?

- *Werbung*: mögliche Werbemittel z. B. Fernsehen, Radio, Zeitung, Internet, Messestand
- *Public Relations* (Öffentlichkeitsarbeit): Information der Öffentlichkeit über Entwicklungen im Unternehmen (z. B. neue Produktionsmethoden) durch Pressemitteilungen, Interviews, Tag der offenen Tür etc.
- *Sponsoring*: Förderung von Personen und Organisationen durch Geld oder Sachmittel
- *Sales Promotion* (Verkaufsförderung): befristete Aktionen, z. B. Gewinnspiel, Gutscheine

„Place“ – Vertriebspolitik (Distributionspolitik)

Über welche Absatzwege/Vertriebskanäle soll verkauft werden?

Direkter Vertrieb	Indirekter Vertrieb
z. B. Fabrikverkauf, eigener Onlineshop • *Vorteile*: Preiskontrolle, Kontrolle des Absatzes, keine Gewinnbeteiligung des Handels, direkter Kundenkontakt • *Nachteile*: hohe Kosten des eigenen Vertriebssystems, Lagerhaltung	z. B. über den Einzelhandel/Fachhandel • *Vorteile*: kein eigenes Vertriebsnetz erforderlich, geringere Personalkosten, Verkaufskompetenz des Einzelhandels • *Nachteile*: niedrigere Gewinnspanne, Abhängigkeit von Werbung und Qualität des Handels

MERKE

Die Marketinginstrumente müssen aufeinander abgestimmt sein.

Beispiel *eX-treme Bike* stellt **hochwertige Sporträder** her, entsprechend werden die Produkte im **oberen Preissegment** gehandelt. Die **anspruchsvollen** Kunden erwarten schnellen und guten Service (qualifizierte Beratung, schnelle Reparatur), der Verkauf muss also über den **Fachhandel** stattfinden. Als **Werbemaßnahmen** bieten sich an: Messeauftritte, Sponsoring von Radrennen und die Verpflichtung eines Spitzensportlers als Werbepartner.

5.3 Buchungen im Marketingbereich

6770 RBK (Rechts- und Beratungskosten)

Die Kosten für den Rechtsanwalt, den Notar, den Steuerberater und die Gerichtskosten zählen zu den Aufwendungen im Zusammenhang mit dem Marketingbereich. So wird z. B. beim Abschluss von Sponsorenverträge ein rechtlicher Berater hinzugezogen.

Beispiel Eingang der Rechnung des Rechtsanwalts für die Beratung im Rahmen einer Marketingmaßnahme, netto 3.400,00 €

6770 RBK	3.400,00 €			
2600 VORST	646,00 €	an	4400 VE	4.046,00 €

MERKE

In der Regel fällt bei Rechts- und Beratungskosten **Umsatzsteuer** an, **nicht aber bei Gerichtskosten**.

6870 WER (Werbung)

Hierzu zählen die Kosten für Zeitungsannoncen, Onlinewerbung, die Druckkosten für Werbeflyer, das Honorar für die Werbeagentur u. Ä.

Beispiel Eingang der Rechnung der Werbeagentur, brutto 30.000,00 €

6870 WER	25.210,08 €			
2600 VORST	4.789,92 €	an	4400 VE	30.000,00 €

6820 KOM (Kommunikationsgebühren)

Kommunikationskosten fallen beim Schriftverkehr mit den Kunden an (z. B. Porto, Einschreibegebühren). Vor allem die Gebühren für die Telefon- und Internetnutzung stellen einen großen Kostenfaktor im Kommunikationsbereich dar.

Beispiel Eingang der Monatsabrechnung für das Telefon, 1.860,00 € netto

6820 KOM	1.860,00 €			
2600 VORST	353,40 €	an	4400 VE	2.213,40 €

MERKE

Bei Porto und Paketgebühren (Post) fällt **keine Umsatzsteuer** an.
Umsatzsteuerpflichtig sind hingegen Telefongebühren, Internetgebühren sowie private Paketdienste (z. B. UPS, GLS).

6760 PROV (Provisionen)

Provisionen sind Vergütungen, die für die Vermittlung von Aufträgen fällig werden. Handelsvertreter erhalten häufig einen festen Prozentsatz vom erzielten Umsatz.

Beispiel Ein Handelsvertreter stellt *eX-treme Bike* Provisionen über 4.270,00 € netto in Rechnung

6760 PROV	4.270,00 €			
2600 VORST	811,30 €	an	4400 VE	5.081,30 €

6850 REK (Reisekosten)

Hierzu zählen Bahntickets, Hotelübernachtungen (jeweils ermäßigter Steuersatz), Taxiquittungen (für Fahrten < 50 Kilometer ebenfalls ermäßigter Steuersatz), Flugtickets und Spesen.

Beispiel Eingangsrechnung über ein Flugticket, 440,00 € netto

6850 REK	440,00 €			
2600 VORST	83,60 €	an	4400 VE	523,60 €

Aufgaben

Bearbeiten Sie folgende Aufgabenstellungen aus Sicht von *eX-treme Bike.*

20 Nennen Sie die vier „P" des Marketing-Mix (deutsch und englisch).

21 Formulieren Sie jeweils zwei ökonomische und psychologische Ziele des Marketings.

Produktpolitik/„Product"

22 Es liegt folgendes Produktportfolio vor:

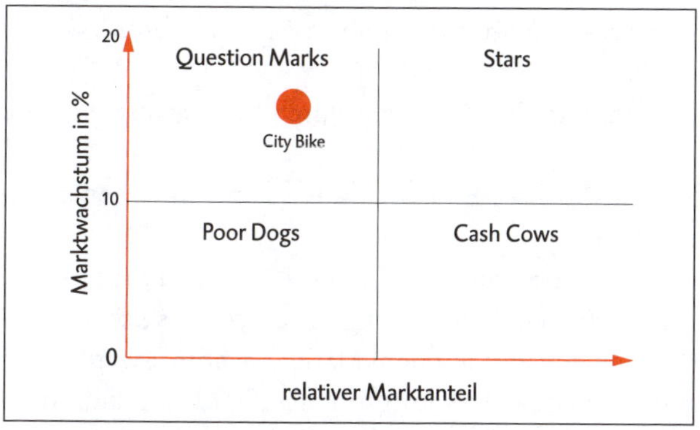

a Beschreiben Sie die Marktsituation des neu auf dem Markt eingeführten Modells „City Bike" (s. Portfolio-Diagramm).

b Ordnen Sie die folgenden Produkte aus dem Sortiment von *eX-treme Bike* in die Portfolio-Matrix ein:

Modell	Grave-Devil	Mountain-eX	TopSpeed
Marktwachstum	6 %	17 %	7 %
relativer Marktanteil	120 %	130 %	30 %

c Wählen Sie eines der vier Modelle aus, für das die Marketingmaßnahmen verstärkt werden sollen. Begründen Sie Ihre Entscheidung.

Preispolitik/„Price"

23 Ein Geschäftspartner von *eX-treme Bike* will sein Geschäftsfeld erweitern und zusätzlich zum Verkauf von Fahrrädern einen Fahrradverleih eröffnen. Die Ausleihe eines Mountainbikes soll pro Tag 20,00 € kosten. Die Preisstrategie erscheint wenig differenziert.

Erarbeiten Sie einen Vorschlag für die Preisgestaltung, der sowohl mengen- als auch zeit- und personenbezogene Elemente beinhaltet.

Vertriebspolitik/„Place“

24 a *eX-treme Bike* vertreibt seine Produkte über den Fachhandel.
Erläutern Sie jeweils zwei Vor- und Nachteile dieses Vertriebsweges.

b Die Vertriebsabteilung schlägt vor, die Fahrräder künftig zusätzlich über einen Werksverkauf anzubieten, da man damit den Handel umgehen und die Gewinne steigern kann.
Diskutieren Sie diese Aussage.

Kommunikationspolitik/„Promotion“

25 *eX-treme Bike* möchte das Sponsoring für das Premium-Mountainbike „Mountain-eX“ verstärken.

a Nennen Sie zwei unternehmerische Ziele, die durch Sponsoring erreicht werden können.

b Schlagen Sie zwei konkrete Sponsoringmaßnahmen vor, mit denen diese Ziele erreicht werden können.

c *eX-treme Bike* hat ein Lastenfahrrad entwickelt. Die Zielgruppe sind ökologisch orientierte und gut verdienende Familien in Städten. Das Lastenfahrrad soll mit einer Marketingkampagne auf dem Markt eingeführt werden.
Entwickeln Sie eine entsprechende Marketingstrategie für die Markteinführung des Lastenfahrrads. Verwenden Sie Fachbegriffe.

26 Bilden Sie die Buchungssätze zu folgenden Geschäftsfällen:

a Die Rechnung der Werbeagentur, die den Internetauftritt für das neue Lastenfahrrad entwickelt hat, geht ein, 5.470,00,00 € netto.

b Die Werbeflyer für das neue Lastenrad werden an den Fachhandel verschickt. Die Postwertzeichen (Briefmarken) werden bar bezahlt, 87,00 €.

c Der Sponsoringvertrag mit einem Profisportler wurde von unserem Rechtsanwalt aufgesetzt. Eingang der Rechnung über 4.046,00 € brutto.

6 Verkauf von Fertigerzeugnissen

6.1 Verkaufskalkulation/Angebotskalkulation

Der Verkaufserlös für ein Produkt muss hoch genug sein, um die **Rentabilität** des Unternehmens zu gewährleisten. Ausgehend von den angefallenen Selbstkosten (= Kosten für Werkstoffe, Löhne, Verwaltung usw.) addiert ein Unternehmer den Gewinn. Dieser setzt sich aus **Unternehmerlohn**, **Risikoprämie** und der **Verzinsung des eingesetzten Kapitals** zusammen. Zudem werden **Preisnachlässe** an den Kunden (Skonto, Rabatt) vorab aufgeschlagen.

Beispiel

Kalkulationsschema	EUR	%	%
Selbstkostenpreis	800,00	100	
+ Gewinn	200,00	25	
= Barverkaufspreis	1.000,00	125	98
+ Kundenskonto	20,41		2
= Zielverkaufspreis	1.020,41	90	100
+ Kundenrabatt	113,38	10	
= Listenverkaufspreis	1.133,79	100	

6.2 Buchung des Verkaufs

Beim Verkauf von Fertigerzeugnissen ist stets das Konto Umsatzerlöse für Fertigerzeugnisse (5000 UEFE) betroffen.

Beispiel Zielverkauf von acht Mountainbikes für insgesamt netto 5.400,00 €

2400 FO	6.426,00 €	an	5000 UEFE	5.400,00 €
			4800 UST	1.026,00 €

Versandkosten im Verkaufsbereich

Werden dem Kunden die Kosten für **Fracht/Verpackung** in Rechnung gestellt („Lieferung ab Werk"), erhöht dies die Umsatzerlöse → Buchung auf **5000 UEFE**.

Beispiel Ausgangsrechnung für fertige Erzeugnisse, netto 7.800,00 €, in Rechnung gestellte Fracht 120,00 € netto

2400 FO	9.424,80 €	an	5000 UEFE	7.920,00 €
			4800 UST	1.504,80 €

Erfolgt die Lieferung „frei Haus", trägt der Verkäufer die Kosten für Lieferung und Verpackung. Diese werden auf den entsprechenden Aufwandskonten (6140 AFR bzw. 6040 AWVM) verbucht.

Beispiele

- *eX-treme Bike* hat einen Spediteur beauftragt, Sportbikes an einen Kunden auszuliefern und bezahlt bar, 150,00 € netto (*eX-treme Bike* liefert „frei Haus").

6140 AFR	150,00 €			
2600 VORST	28,50 €	an	2880 KA	178,50 €

- Barkauf von Verpackungsfolien, brutto 386,75 €

6040 AWVM	325,00 €			
2600 VORST	61,75 €	an	2880 KA	386,75 €

6.3 Rücksendungen

Bei Rücksendungen vom Kunden (Lieferung fehlerhafter Ware, falscher Ware oder Lieferung einer zu großen Menge) wird der Verkauf rückgängig gemacht, es erfolgt eine Stornobuchung.

Beispiele

- *eX-treme Bike* hat falsche Mountainbikes geliefert. Der Kunde sendet sie zurück und erhält eine Gutschrift über 1.570,80 € brutto.

5000 UEFE	1.320,00 €			
4800 UST	250,80 €	an	2400 FO	1.570,80 €

- Ein Kunde, der Trekkingbikes bezogen hat, sendet die Leihverpackung an *eX-treme Bike* zurück, Gutschrift 200,00 € netto.

5000 UEFE	200,00 €			
4800 UST	38,00 €	an	2400 FO	238,00 €

MERKE

Rücksendungen von Kunden erfordern eine **Korrektur der Umsatzsteuer**. Sie mindern die Umsatzerlöse und damit den Unternehmenserfolg.

6.4 Nachträgliche Preisnachlässe beim Verkauf

Auch nachträgliche Preisnachlässe (Gutschrift wegen Mängelrüge, Skonto) mindern die Umsatzerlöse und schmälern damit den Unternehmenserfolg. Zur besseren Übersicht werden diese Erlösberichtigungen auf einem Unterkonto (5001 EBFE) des Kontos 5000 UEFE gebucht.

Gutschrift wegen Sachmangel an den Kunden

Beispiel Aufgrund einer Mängelrüge wird einem FE-Kunden eine Gutschrift über 380,00 € netto gewährt.

5001 EBFE	380,00 €			
4800 UST	72,20 €	an	2400 FO	452,20 €

Skonto an den Kunden

Ein Unternehmer gewährt dem Kunden Skonto, um diesen zu möglichst schneller Bezahlung zu motivieren.

MERKE

Bei Skontobuchungen muss immer die **Nebenrechnung** mit angegeben werden.

Beispiel Ein FE-Kunde begleicht die Rechnung über 7.424,00 € brutto abzgl. 2 % Skonto per Bankscheck.

Nebenrechnung:

Rechnungsbetrag	7.424,00 €	↗ Nettoskonto	124,77 €
– 2 % Skonto	148,48 €		
= Überweisungsbetrag	7.275,52 €	↘ UST-Anteil	23,71 €

2800 BK	7.275,52 €			
5001 EBFE	124,77 €			
4800 UST	23,71 €	an	2400 FO	7.424,00 €

MERKE

Nachträgliche Preisnachlässe an Kunden erfordern immer auch eine **Korrektur der Umsatzsteuer**.

Aufgaben

Bearbeiten Sie folgende Aufgabenstellungen aus Sicht von *eX-treme Bike.*

27 Sporthändler *Bike World* fordert bei *eX-treme Bike* ein Angebot für Rennräder der Premiumlinie „Race-eX“ an.
Die Selbstkosten von „Race-eX“ betragen 2.450,00 € pro Stück. *eX-treme Bike* kalkuliert mit 20 % Gewinn, 2 % Kundenskonto und 10 % Kundenrabatt.

- **a** Berechnen Sie den Listenverkaufspreis für 60 Räder.
- **b** Der Händler *Bike World* ist an den „Race-eX“-Rennrädern interessiert. Allerdings würde er die 60 Räder nur zum Listenverkaufspreis von 185.000,00 € bei unveränderten Rabatt- und Skontosätzen kaufen.
  Überprüfen Sie, ob *eX-treme Bike* unter den neuen Bedingungen noch einen Gewinn erzielt.

28 Bilden Sie die Buchungssätze zu folgenden Geschäftsfällen:

- **a** *eX-treme Bike* kauft Kartonagen für den Versand von Fahrrädern für 440,00 € netto auf Ziel.
- **b** *eX-treme Bike* verkauft 40 Mountainbikes zu je 1.280,00 € netto abzüglich 5 % Mengenrabatt an den Fahrradverleih *Bike-Adventure* gegen Rechnung.
- **c** Die Auslieferung der 40 Mountainbikes (Aufgabe **b**) hat eine Spedition übernommen. Die anfallenden Kosten bezahlt *eX-treme Bike* bar, 226,10 € brutto.
- **d** *Bike-Adventure* sendet drei fehlerhafte Mountainbikes zurück und erhält eine Gutschrift über 4.341,12 € brutto.
- **e** Zielverkauf von 10 Citybikes an *Bike World* für insgesamt 12.300,00 € netto. Bei Zahlung innerhalb von 10 Tagen werden dem Kunden 3 % Skonto eingeräumt.
- **f** *Bike World* bezahlt die Rechnung innerhalb der Skontofrist.

29 Erläutern Sie die Auswirkung von nachträglichen Preisnachlässen an den Kunden auf den Unternehmenserfolg.

7 Die Umsatzsteuer

7.1 Das Wesen der Umsatzsteuer

Die Umsatzsteuer ist ...

- eine **Verbrauchssteuer**, die vom Endverbraucher zu zahlen ist.
- eine **Verkehrssteuer**, da der Waren-/Dienstleistungsverkehr besteuert wird.
- eine **indirekte Steuer**, da sie nicht direkt vom Endverbraucher an das Finanzamt abgeführt wird.

Steuerpflichtige Umsätze		Steuerfreie Umsätze
Regelsteuersatz 19 %	**ermäßigter Steuersatz 7 %**	**0 %**
• Ein- und Verkauf von Gütern und Dienstleistungen • Wareneinfuhr aus EU- und Nicht-EU-Staaten	• Grundnahrungsmittel • kulturelle Leistungen (z. B. Bücher, Museen) • Übernachtungen	• Umsätze der Banken • Entgelte für Kreditgewährung • Arzttätigkeiten • Ausfuhrlieferungen

MERKE

Für Unternehmen gilt:

- Die beim **Einkauf** anfallende Umsatzsteuer heißt **Vorsteuer**. Da der Unternehmer kein Endverbraucher ist, kann er die geleistete Vorsteuer vom Finanzamt zurückfordern.
- Beim **Verkauf** bezahlt der Kunde **Umsatzsteuer**. Diese muss der Unternehmer an das Finanzamt abführen. Sie stellt eine Verbindlichkeit gegenüber dem Finanzamt dar.
- Der Unternehmer muss monatlich oder vierteljährlich dem Finanzamt über die **Umsatzsteuer-Voranmeldung** mitteilen, wie viel Umsatzsteuer angefallen ist. Voranmeldung und Überweisung der Zahllast müssen spätestens zum 10. des Folgemonats beim Finanzamt eingegangen sein.

Innergemeinschaftlicher Handel

Zur besseren Kontrolle des innergemeinschaftlichen Handels und zur Verhinderung von Steuerbetrug benötigt jedes Unternehmen für den Handel innerhalb der EU eine **Umsatzsteuer-Identifikationsnummer** (USt-IdNr.). Maßgeblich ist der Steuersatz im Land des Käufers.

Beispiele

- Einkauf von Werkstoffen aus Italien: Die Ware wird nicht in Italien versteuert (Steuersatz 22 %), sondern in Deutschland (19 %).
- Verkauf von Fertigerzeugnissen nach Schweden: Die Ware wird steuerfrei aus Deutschland ausgeführt und in Schweden zum dortigen Steuersatz (25 %) versteuert.

7.2 Ermittlung der UST-Zahllast

Ermittlung der UST-Zahllast über den Mehrwert

Beispiel *eX-treme Bike* ermittelt für den Monat März die UST-Zahllast:

Einkauf von Waren für:	35.000,00 € netto
Verkauf von Waren für:	55.000,00 € netto
Mehrwert:	20.000,00 € netto

Zahllast für März: 19 % von 20.000,00 € (Mehrwert) = 3.800,00 €

Ermittlung der Zahllast über die Konten VORST und UST

Beispiel Bei *eX-treme Bike* weisen die Konten 2600 VORST und 4800 UST im März folgende Eintragungen auf:

S 2600 VORST H

VE	4.000,00	**1) UST**	**6.650,00**
VE	2.650,00		
	6.650,00		6.650,00

S 4800 UST H

1) VORST	6.650,00	FO	2.000,00
2) BK	3.800,00	FO	5.000,00
		FO	3.450,00
	10.450,00		10.450,00

- Rechnerische Ermittlung der UST-Zahllast:

Verbindlichkeiten gegenüber Finanzamt (UST)	10.450,00 €
– Forderungen gegenüber Finanzamt (VORST)	6.650,00 €
= Zahllast	3.800,00 €

- Notwendige Buchungen:

Abschluss des Kontos VORST über das Konto UST

1) 4800 UST		an	2600 VORST	6.650,00 €

Banküberweisung der Zahllast

2) 4800 UST		an	2800 BK	3.800,00 €

Aufgaben

Bearbeiten Sie folgende Aufgabenstellungen aus Sicht von *eX-treme Bike.*

30 Nennen Sie zwei Warengruppen, für die der ermäßigte Umsatzsteuersatz gilt.

31 Erläutern Sie, was man unter innergemeinschaftlichem Handel versteht.

32 *eX-treme Bike* hat im Februar Waren im Wert von 43.000,00 € (netto) eingekauft und Umsatzerlöse in Höhe von 74.000,00 € (netto) erzielt.

a Berechnen Sie die Umsatzsteuer-Zahllast für Februar.

b Geben Sie an, bis zu welchem Datum die Umsatzsteuer-Zahllast ans Finanzamt zu überweisen ist.

33 Die Konten 2600 VORST und 4800 UST weisen im März folgende Eintragungen aus:

S	2600 VORST		H
VE	2.540,00		
BK	570,00		
VE	3.960,00		

S	4800 UST		H
		FO	3.200,00
		FO	4.650,00
		BK	1.840,00

Übertragen Sie die beiden Konten auf Ihr Arbeitsblatt.

a Bilden Sie den Buchungssatz für den Abschluss des Kontos 2600 VORST und übertragen Sie die Buchung auf die beiden Konten.

b Ermitteln Sie die Umsatzsteuer-Zahllast für März.

c Bilden Sie den Buchungssatz für die Überweisung der Umsatzsteuer-Zahllast und übertragen Sie die Buchung auf das Konto 4800 UST.

8 Unternehmen und Staat

8.1 Staatliche Rahmenbedingungen

Arbeitsrecht

Regelungen, die das Verhältnis zwischen Arbeitgeber und Arbeitnehmer betreffen, z. B. Urlaubsanspruch, Kündigungsschutz

Subventionen

Fördermaßnahmen und Steuererleichterungen des Staates für Unternehmen, z. B. für Forschung, Umweltschutzmaßnahmen. Subventionen tragen auch dazu bei, die Wettbewerbsfähigkeit von Unternehmen zu stärken.

Umweltrecht

Gesetze, Vorschriften zum Schutz der Umwelt, z. B. zum Schadstoffausstoß

Wettbewerbsrecht

Regelungen zur Verhinderung unlauteren Verhaltens, das den Wettbewerb einschränkt, z. B. Preisabsprachen zwischen Unternehmen

8.2 Steuerarten

Unterscheidung aus buchhalterischer Perspektive

Aktivierungspflichtige Steuern	Betriebliche Steuern
… sind Anschaffungsnebenkosten beim Erwerb von Gebäuden und Grundstücken und werden auf den **aktiven Bestandskonten** der Kontengruppe 05.. gebucht.	… sind Aufwendungen, die den Erfolg des Unternehmens beeinflussen. Sie werden auf den **Aufwandskonten** der Kontengruppe 70.. gebucht.
Private Steuern	**Erfolgsneutrale Steuern**
… betreffen den Unternehmer. Private Steuern, die über das Firmenkonto bezahlt werden (Einkommen-, Kirchensteuer, Privatanteile der Kfz-Steuer), werden auf dem **Privatkonto** gebucht.	… beeinflussen den Erfolg des Unternehmens **nicht**. Sie werden zunächst vom Unternehmen einbehalten und an das Finanzamt abgeführt (Konten 4800 UST, 4830 VFA).

MERKE

Die **Umsatzsteuer** ist keine betriebliche Steuer, sie ist ein **erfolgsneutraler Posten**, weil sie lediglich an das Finanzamt weitergereicht wird.

Weitere Unterscheidung

Direkte Steuern werden direkt abgeführt bzw. vom Finanzamt eingezogen, z. B. Einkommensteuer, Solidaritätszuschlag, Hundesteuer.
Indirekte Steuern werden nicht direkt an das Finanzamt abgeführt, sondern indirekt, z. B. Umsatzsteuer, Mineralölsteuer, Energiesteuer.

8.3 Buchung und Berechnung der Steuern

Betriebliche Steuern

7000 GWST (Gewerbesteuer)

Die Gewerbesteuer wird von der Gemeinde auf den Gewinn erhoben. In die Berechnung der Steuerlast sind folgende Faktoren einzubeziehen:
der Freibetrag von 24.500,00 €, die Gewerbesteuermesszahl (in Deutschland 3,5 %) sowie der Hebesatz, der von der Gemeinde festgelegt wird.

Beispiel *eX-treme Bike* hat einen Gewinn von 320.000,00 € erwirtschaftet. Der Hebesatz in München beträgt 490 %.

Gewinn (Gewerbeertrag)	320.000,00 €
– Freibetrag	24.500,00 €
= steuerpflicht. Gewerbeertrag	295.500,00 €

Gewerbesteuermessbetrag =	10.342,50 €	(295.500,00 € · 3,5 %)
Gewerbesteuer =	50.678,25 €	(10.342,50 € · 490 %)

Der Gewerbesteuerbescheid der Stadt München über 50.678,25 € geht ein.

7000 GWST		an	4400 VE	50.678,25 €

7020 GRST (Grundsteuer)

Die Grundsteuer wird von der Gemeinde erhoben, besteuert wird der Wert des Grundbesitzes, die Zahlung erfolgt vierteljährlich.

Beispiel Eingangsrechnung über die Grundsteuer, 3.250,00 €

7020 GRST		an	4400 VE	3.250,00 €

7030 KFZST (Kraftfahrzeugsteuer)

Die Höhe der Kfz-Steuer ist abhängig von Hubraum und vom Schadstoffausstoß.

Beispiel Eingang des Kfz-Steuerbescheids, 370,00 €

7030 KFZST		an	4400 VE	370,00 €

MERKE

Die Kfz-Steuer ist von der **Gebühr für die Kfz-Zulassung** zu unterscheiden. Diese wird auf dem Konto 6730 GEB erfasst.

Private Steuern

Steuerschuldner ist der Unternehmer als Privatperson.

Beispiel Die Kirchensteuer des Unternehmers wird vom Geschäftsbankkonto abgebucht, 124,00 €.

3001 P		an	2800 BK	124,00 €

Erfolgsneutrale Steuern (durchlaufender Posten)

Diese Steuern beeinträchtigen den Gewinn des Unternehmens nicht.

Beispiel Banküberweisung der UST-Zahllast, 8.400,00 €

4800 UST		an	2800 BK	8.400,00 €

8.4 Gebühren

Gebühren sind Abgaben, die für eine bestimmte Leistung des Staates zu zahlen sind, z. B. für Müllentsorgung, Straßenreinigung oder Kfz-Zulassung. Gebühren werden auch vom Kaminkehrer oder bei Seminaren erhoben.

6730 GEB (Gebühren)

Beispiel Die Rechnung über die Müllentsorgungsgebühren geht ein, 280,00 €.

6730 GEB		an	4400 VE	280,00 €

MERKE

Gebühren können **umsatzsteuerpflichtig** oder **umsatzsteuerfrei** sein.
Für die öffentlich-rechtliche Abfallentsorgung sowie für die Kanalgebühren fällt keine Umsatzsteuer an. Achten Sie bei der Aufgabenstellung jeweils darauf, ob Umsatzsteuer („brutto“ bzw. „netto“) angegeben ist.

Aufgaben

Bearbeiten Sie folgende Aufgabenstellungen aus Sicht von *eX-treme Bike*.

34 Steuern werden in der Geschäftsbuchführung in folgende Kategorien unterteilt:

Betrieblicher Aufwand • Private Steuern • Steuern als durchlaufender Posten • Aktivierungspflichtige Steuern

Geben Sie jeweils an, um welche Art Steuer es sich für *eX-treme Bike* handelt:
- Lohnsteuer der Arbeitnehmer
- Gewerbesteuer
- Kraftfahrzeugsteuer (Geschäftswagen)
- Einkommensteuer des Unternehmers
- Umsatzsteuer
- Grunderwerbsteuer

35 *eX-treme Bike* hat ein unbebautes Grundstück zur Erweiterung des Firmengeländes zum Kaufpreis von 320.000,00 € erworben. In Bayern beträgt der Grunderwerbsteuersatz 3,5 %.

a Berechnen Sie die Höhe der zu entrichtenden Grunderwerbsteuer.

b Der Grunderwerbsteuerbescheid für das unbebaute Grundstück geht bei *eX-treme Bike* ein. Bilden Sie den Buchungssatz.

36 Bilden Sie die Buchungssätze zu folgenden Vorgängen:

a Die Kfz-Steuer für den Firmenwagen wird vom Geschäftsbankkonto abgebucht, 239,00 €.

b Der Grundsteuerbescheid für das Firmengelände geht ein, 1.540,00 €.

c Überweisung der Einkommensteuer des Unternehmers vom Geschäftsbankkonto, 9.360,00 €.

37 Erläutern Sie die Begriffe „Subventionen“ und „Gebühren“.

38 Bilden Sie die Buchungssätze zu den folgenden Geschäftsfällen.

a Bei *eX-treme Bike* geht die Kaminkehrerrechnung ein, 124,00 € netto.

b Die Stadt München bucht Wasser- und Abwassergebühren in Höhe von 340,00 € vom Geschäftskonto ab.

9 Personalbereich

9.1 Grundlagen des Personalwesens

Personalbeschaffung

Intern	Extern
Eine freie Stelle wird mit einem Mitarbeiter aus dem eigenen Unternehmen besetzt. • *Vorteile*: schnelle Besetzung möglich, geringes Risiko einer Fehlbesetzung, hohe Motivation des Mitarbeiters • *Nachteile*: geringe Auswahlmöglichkeit, evtl. entstehen Spannungen unter den Mitarbeitern	Eine freie Stelle wird mit einem Mitarbeiter „von außen“ besetzt (Stellenanzeigen, Zeitarbeitsfirma). • *Vorteile*: neue Ideen/Know-how für das Unternehmen, große Bewerberauswahl • *Nachteile*: zeitaufwendiges und teures Verfahren, höheres Risiko einer Fehlbesetzung

Arbeitsformen

- **Normalarbeitsverhältnis**
  unbefristetes und sozialversicherungspflichtiges Beschäftigungsverhältnis mit einer Wochenarbeitszeit von mehr als 20 Stunden (ab 36 Stunden Wochenarbeitszeit spricht man von **Vollbeschäftigung**)
- **Teilzeitarbeit**
  Die regelmäßige Wochenarbeitszeit ist kürzer als die im Unternehmen übliche Arbeitszeit von z. B. 40 Stunden.
- **Geringfügige Beschäftigung (Minijob)**
  Beschäftigung mit einem Arbeitsentgelt von höchstens 520,00 € (Stand Oktober 2022); es müssen keine Beiträge zu den Sozialversicherungen abgeführt werden.
- **Leiharbeit (Zeitarbeit)**
  Ein Arbeitnehmer hat einen Arbeitsvertrag bei einer Leiharbeitsfirma. Diese verleiht die Arbeitskraft für begrenzte Zeit an ein anderes Unternehmen.

Entgeltformen

- **Zeitentgelt**
  Entlohnung entsprechend der geleisteten Arbeitszeit
- **Leistungsentgelt**
  Bezahlung entsprechend der erbrachten Leistung (Akkordlohn, Prämienlohn)

- **Gewinnbeteiligung**
  Zusatzvereinbarung, nach der der Arbeitnehmer am Erfolg des Unternehmens beteiligt wird; dadurch sollen die Motivation und die Bindung an das Unternehmen erhöht werden.

Arbeit und Digitalisierung

Chancen	Risiken
• Computer und Roboter übernehmen körperlich anstrengende Arbeiten und Routinearbeiten • Digitalisierung bietet Entwicklungsmöglichkeiten • neue Arbeitsmodelle, z. B. Homeoffice • …	• Datenschutz/Hackerangriffe • hohe Anforderungen und ständige Erreichbarkeit erzeugen Stress • Wegfall einfacher Tätigkeiten, Jobverlust für Geringqualifizierte • …

9.2 Berechnung des Nettolohns/-gehalts

Bruttolohn/-gehalt	
• **abzüglich Steuern** Lohnsteuer (abhängig von Bruttolohn, Steuerklasse, Freibeträgen) Solidaritätszuschlag Kirchensteuer, in Bayern 8 %	 *nur für Besserverdienende* *nur für Kirchenmitglieder; (werden von der* ***Einkommensteuer*** *berechnet)*
• **abzüglich Sozialversicherungsbeiträge (Stand 2022)** Krankenversicherung (KV), 14,6 % + Zusatzbeitrag (durchschnittlich 1,3 %) Pflegeversicherung (PV), 3,05 % Rentenversicherung (RV), 18,6 % Arbeitslosenversicherung (AV), 2,4 %	} werden vom **Bruttolohn** berechnet, **Arbeitnehmer (AN) und Arbeitgeber (AG)** zahlen **jeweils die Hälfte** **Ausnahme:** *PV:* Kinderlose zahlen ab dem vollendeten 23. Lebensjahr einen Zuschlag von 0,35 %.
= **Nettolohn/-gehalt**	

Lohnnebenkosten (Kosten, die für den Arbeitgeber zusätzlich anfallen)	
gesetzlich	**freiwillig/tariflich**
• Sozialversicherungsbeiträge des Arbeitsgebers • bezahlte Feiertage • Lohnfortzahlung bei Krankheit • Mutterschutz • …	• Urlaubsgeld, 13. Gehalt/Weihnachtsgeld • vermögenswirksame Leistungen • betriebliche Altersvorsorge • Fahrtkostenzuschuss • …

ELStAM-Verfahren (Elektronische Lohnsteuerabzugsmerkmale)

Die für die Berechnung der Steuern nötigen Informationen sind beim Bundeszentralamt für Steuern gespeichert. Der Arbeitgeber ruft die Angaben ab, berechnet die Steuern und überweist sie ans Finanzamt.

Vermögenswirksame Leistungen

Ein Teil des Einkommens wird in Bausparverträgen, Aktienfonds usw. angelegt. Der Sparer erhält eine staatliche Förderung, abhängig von der Anlageform und der Höhe des angelegten Kapitals. Der Arbeitgeber gewährt oft einen weiteren Zuschuss.

9.3 Buchungen im Personalbereich

Beispiel

- Buchung der Lohnzahlung gemäß folgender Lohnliste (Summenzeile):

	Bruttolohn	Steuern Lohnst., Soli, KiSt.	Soz.vers. AN	Soz.vers. AG	Nettolohn
SUMME	28.921,76 €	4.335,00 €	5.748,20 €	5.748,20 €	18.838,56 €

6200 LG	28.921,76 €	an	2800 BK	18.838,56 €
			4830 VFA	4.335,00 €
			4840 VSV	5.748,20 €
6400 AGASV		an	4840 VSV	5.748,20 €

- Banküberweisung der einbehaltenen Sozialversicherungsbeiträge, 11.496,40 € (AN- und AG-Anteil)

4840 VSV		an	2800 BK	11.496,40 €

- Banküberweisung der einbehaltenen Steuern an das Finanzamt (bis zum 10. des Folgemonats)

4830 VFA		an	2800 BK	4.335,00 €

Aufgaben

Bearbeiten Sie folgende Aufgabenstellungen aus Sicht von *eX-treme Bike*.

39 Unterscheiden Sie interne und externe Personalbeschaffung und nennen Sie jeweils einen Vor- und Nachteil.

40 Erläutern Sie Chancen und Risiken der Digitalisierung des Arbeitsalltags.

41 Unterscheiden Sie gesetzliche und freiwillige Lohnnebenkosten.

42 Ihnen liegt folgender Auszug des Lohn-/Gehaltsjournals für März vor:

Lohn-/Gehaltsjournal März			*eX-treme Bike*		
Name	Brutto	Steuern	Soz.vers. AN	Soz.vers. AG	Netto
Kraus, Anna I/0,0/ev.	3.400,00 €	952,00 €	657,05 €	657,05 €	1.790,95 €
…	…	…	…	…	…
…	…	…	…	…	…
SUMME	35.800,00 €	8.950,00 €	6.918,35 €	6.918,35 €	19.931,65 €

a Geben Sie an, was bei Anna Kraus der Zusatz „I/0,0/ev." im Namensfeld bedeutet.

b Bilden Sie die Buchungssätze für die Erfassung des Personalaufwands laut Summenzeile. Die Auszahlung erfolgt per Banküberweisung.

c Bilden Sie den Buchungssatz für die Überweisung der Sozialversicherungsbeiträge für März an die Sozialversicherungsträger (Summenzeile).

10 Unternehmensführung, Unternehmerlohn und Privatkonto

10.1 Unternehmensführung

Die Unternehmensführung legt die langfristige Strategie eines Unternehmens fest.

Aufgaben der Unternehmensführung

- **Ziele setzen:** lang-/mittelfristige Ziele
- **Planen:** Bewerten der aktuellen Situation, Entwickeln möglicher Handlungsschritte zur Erreichung der Ziele
- **Entscheidungen treffen:** Abwägen von Alternativen und Risiken, Entscheidung
- **Umsetzen/realisieren:** Bereitstellen nötiger Mittel (finanziell, personell)
- **Kontrollieren:** Überwachen der Umsetzung, ggf. Anpassungen

Unternehmensphilosophie

Zur Unternehmensphilosophie (= Leitbild eines Unternehmens) können z. B. folgende Faktoren zählen: zufriedene Kunden, hohe Qualität, zufriedene Mitarbeiter, Arbeitsplatzsicherheit, Umsatzwachstum, Gewinnorientierung, umweltbewusste Produktion, Erschließung neuer Märkte.

Aufbauorganisation

Die Aufbauorganisation ist die hierarchische Struktur eines Unternehmens.
In Organigrammen werden Abteilungen und Zuständigkeiten der Unternehmensorganisation grafisch dargestellt.

- **Einliniensystem**

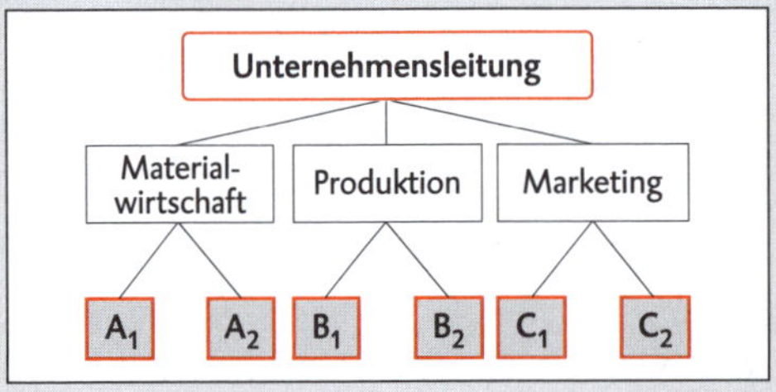

Vorteile: übersichtlich, klare Kommunikation und Zuständigkeiten
Nachteile: unflexibel, lange Kommunikationswege

- **Mehrliniensystem**

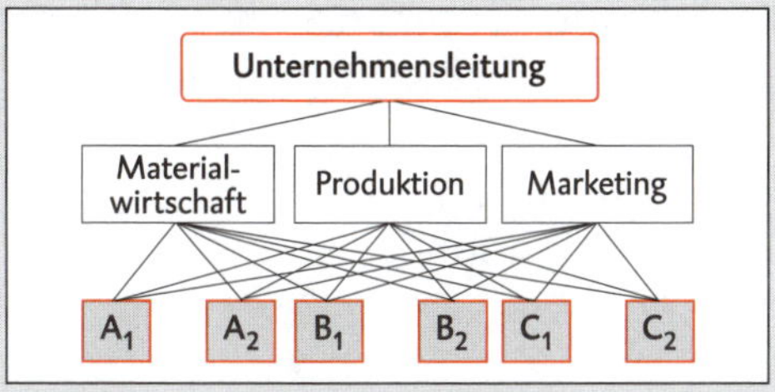

Vorteile: schnelle Kommunikation, mehr Kompetenz durch Vernetzung von Abteilungen
Nachteile: unklare Zuständigkeiten, dadurch können Konflikte entstehen

- **Stabliniensystem**
(Führungskräfte werden von Stabsstellen beraten und unterstützt.)

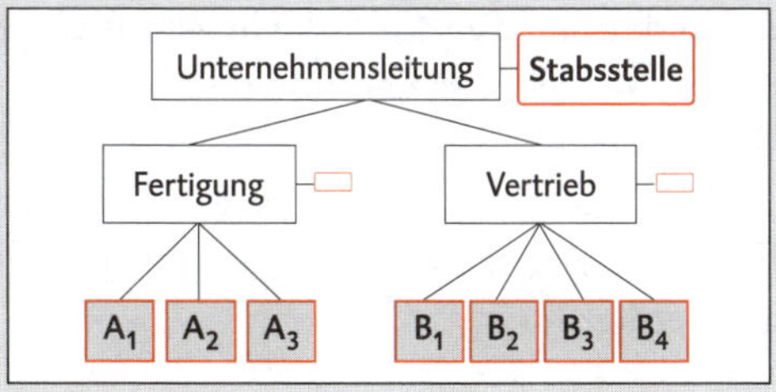

Vorteile: Entlastung der Führung, mehr Kompetenz
Nachteile: höhere Kosten, längere Entscheidungsprozesse

Personalführung

- **Führungsstile**
Autoritativ: Der Vorgesetzte trifft Entscheidungen, gibt Anweisungen an die Mitarbeiter und kontrolliert die Umsetzung.
Kooperativ: Teamarbeit steht im Vordergrund. Vorgesetzte beziehen Mitarbeiter bei der Planung und Umsetzung der Arbeitsabläufe mit ein.
- **Führungstechniken**
Management by Delegation: Führungskräfte übertragen Aufgabenbereiche und die Verantwortung für die Umsetzung an Mitarbeiter.
  - *Vorteil*: Häufig steigen Motivation und Verantwortungsgefühl bei den Mitarbeitern.
  - *Nachteil*: Fehler werden evtl. spät erkannt.

  Management by Objectives: Zwischen Vorgesetzten und Mitarbeitern werden Zielvereinbarungen getroffen. Durch regelmäßige Kontrollen wird überwacht, ob die Ziele erreicht werden.
  - *Vorteil*: Mitarbeiter entscheiden selbst, wie die Ziele erreicht werden.
  - *Nachteil*: Oft besteht hoher Leistungsdruck und der große Freiraum erfordert regelmäßige Überwachung des Fortschritts.

Management by Exception: Mitarbeiter bearbeiten selbstständig Aufgaben, oft Routinearbeiten. Der Vorgesetzte greift nur im Ausnahmefall ein.
- *Vorteil*: Mitarbeiter können Arbeitsablauf selbst bestimmen, Entlastung der Vorgesetzten
- *Nachteil*: regelmäßige Kontrolle erforderlich.

10.2 Unternehmerlohn

Für die Arbeitsleistung, die ein Einzelunternehmer im eigenen Unternehmen erbringt, erhält er einen Unternehmerlohn. Dieser wird in die Verkaufspreise der Fertigerzeugnisse **einkalkuliert** und deshalb als **kalkulatorischer Unternehmerlohn** bezeichnet. Die Höhe ist abhängig von der individuellen Lebensführung. Natürlich müssen mit dem Unternehmerlohn die **Kosten für die Existenzsicherung** abgedeckt sein (z. B. Miete, Haushaltsgeld, Sozialversicherungen), aber auch das **unternehmerische Risiko** und die **Verzinsung** des ins Unternehmen **eingebrachten Eigenkapitals**.

10.3 Privatkonto: Privatentnahmen und Privateinlagen

Alle Vorgänge, die mit dem Unternehmer als Privatperson zu tun haben, werden auf dem Konto 3001 P gebucht. Das Privatkonto ist ein **Unterkonto des Eigenkapitalkontos**. Bei einer **Privateinlage** überführt der Unternehmer privates Vermögen (z. B. ein geerbtes Grundstück) in sein Unternehmen. Bei einer **Privatentnahme** entnimmt der Unternehmer Vermögen (z. B. Bezahlung des Privaturlaubs). Nutzt der Unternehmer betriebliches Vermögen (z. B. den Geschäftswagen) auch privat, wird dies als Privatentnahme gebucht.

S 3001 P	H
Minderung des EK	Mehrung des EK
• **Geldentnahmen:** Spenden, Barentnahmen, Bezahlung privater Rechnungen vom Geschäftskonto	• **Geldeinlage:** Bargeld, Überweisung aufs Geschäftskonto, private Steuerrückerstattungen aufs Geschäftskonto
• **Sachentnahmen:** z. B. Fertigerzeugnisse	• **Sacheinlagen:** Grundstück, Gebäude, Fahrzeug
• **Nutzung betrieblicher Einrichtungen:** z. B. Firmenauto	

MERKE

Privateinlagen und -entnahmen haben **keine Auswirkung auf den Unternehmenserfolg**, sie sind **erfolgsneutral**.

Beispiele

- Privateinlage auf das betriebliche Bankkonto, 5.000,00 €

2800 BK		an	3001 P	5.000,00 €

- Der private Zweitwagen wird in das Unternehmen eingebracht, Wert 15.000,00 €.

0840 FP		an	3001 P	15.000,00 €

- Eine Tankfüllung für den Privat-Pkw wird aus der Geschäftskasse bezahlt, 80,00 € brutto.

3001 P		an	2880 KA	80,00 €
				(Bruttobetrag!)

- Überweisung der Einkommensteuer (= Privatsteuer) vom Geschäftsbankkonto, 1.900,00 €

3001 P		an	2800 BK	1.900,00 €

- Bankgutschrift für die Rückerstattung der Einkommensteuer aus dem Vorjahr, 1.200,00 €

2800 BK		an	3001 P	1.200,00 €

- Barspende an Amnesty International, 300,00 €

3001 P		an	2800 BK	300,00 €

MERKE

Spenden werden immer auf dem Privatkonto gebucht.

10.4 Abschluss des Privatkontos

Das Privatkonto wird über das Eigenkapitalkonto abgeschlossen. Privateinlagen mehren das Eigenkapital, Privatentnahmen mindern das Eigenkapital.

Beispiel hier: Privatentnahmen < Privateinlagen → EK-Mehrung

S	3001 P		H
BK	5.000,00	KA	4.000,00
KA	1.350,00	KA	10.000,00
1) EK	**7.650,00**		
	14.000,00		14.000,00

S	3000 EK		H
2) SBK	**432.650,00**	AB	400.000,00
		GUV	25.000,00
		1) P	**7.650,00**
	432.650,00		432.650,00

- Vorbereitende Abschlussbuchung

1) 3001 P		an	3000 EK	7.650,00 €

- Abschlussbuchung Konto 3000 EK

2) 3000 EK		an	8010 SBK	432.650,00 €

→ Das EK hat sich im Geschäftsjahr um insgesamt 32.650,00 € erhöht.

Aufgaben

Bearbeiten Sie folgende Aufgabenstellungen aus Sicht von *eX-treme Bike*.

43 Skizzieren Sie Merkmale des Einlinien- und des Mehrliniensystems.

44 Nennen Sie jeweils zwei aussagekräftige Aspekte, die folgende Führungsstile treffend beschreiben:
autoritativer Führungsstil ← → kooperativer Führungsstil

45 Begründen Sie, welcher der drei Führungstechniken am besten zu Ihnen als Arbeitnehmer*in passt:

- Management by Delegation
- Management by Objectives
- Management by Exception

46 Erläutern Sie die Zusammenhänge zwischen den folgenden Begriffen:

- Eigenkapital
- Privatkonto
- Privateinlage
- Privatentnahme

47 Bilden Sie die Buchungssätze zu folgenden Vorgängen:

a Ein privates Grundstück wird in das Betriebsvermögen eingebracht, Wert 175.000,00 €.
b Der Familienurlaub wird vom Geschäftskonto bezahlt, 4.300,00 €.
c Benzin für das Privatauto wird aus der Geschäftskasse bezahlt, 110,00 €.
d Vom Privatkonto werden 6.000,00 € auf das Geschäftskonto überwiesen.

48 Das Konto 3001 P weist zum Geschäftsjahresende folgende Eintragungen aus:

S		3001 P	H
BK	3.200,00	1) GR	35.000,00
KA	520,00	BK	2.800,00
KA	80,00	FP	11.000,00
BK	14.000,00		

a Geben Sie einen möglichen Geschäftsfall für Eintrag 1) an.
b Bilden Sie den Buchungssatz für den Abschluss des Kontos 3001 P.
c Das Konto 3000 EK weist einen Saldo von 240.000,00 € auf. Bilden Sie den Buchungssatz für den Abschluss des Kontos.

11 Anlagenbereich

Anlagegüter

bleiben langfristig im Unternehmen (z. B. Grundstücke)

Investition

Anlage von Kapital mit dem Ziel, die Erträge zu erhöhen

Investitionsziele

- *ökonomische Ziele*: Ersatz von Betriebsmitteln, z. B. Maschinen (= **Ersatzinvestition**); Erweiterung der betrieblichen Leistungsfähigkeit, z. B. Kauf zusätzlicher Maschinen (= **Erweiterungsinvestition**); Steigerung der Produktivität, z. B. durch Kauf eines Roboters, der Mitarbeiter ersetzt (= **Rationalisierungsinvestition**)
- *soziale Ziele*: z. B. Sicherung von Arbeitsplätzen, Verbesserung der Arbeitsplatzsicherheit
- *ökologische Ziele*: z. B. Verringerung des Rohstoffverbrauchs

Anlagekarte

Für jedes Anlagegut wird eine Anlagekarte erstellt, auf der u. a. Anschaffungsdatum, Anschaffungskosten und Nutzungsdauer notiert sind.

11.1 Berechnungen und Buchungen beim Kauf von Anlagegütern

Berechnung der Anschaffungskosten

Anschaffungspreis	= Listenpreis netto
+ Anschaffungsnebenkosten	= Fracht, Verpackung, Zoll, Transportversicherung, Montage, Fundamentierung, Zulassungs-/Genehmigungskosten, Überführung, Sonderausstattung, Maklergebühren, Grundbuchgebühren, Grunderwerbsteuer, Vermessungs-/Erschließungskosten
– Preisminderungen	= Rabatt, Skonto, Mängelrüge
= **Anschaffungskosten**	werden auf dem jeweiligen Anlagenkonto (z. B. FP) gebucht („**aktiviert**“)

MERKE

Finanzierungskosten (z. B. Zinsen), **Betriebsstoffe** (Benzin) und **Umsatzsteuer** sind **keine Anschaffungsnebenkosten**.

Einteilung von Anlagegütern

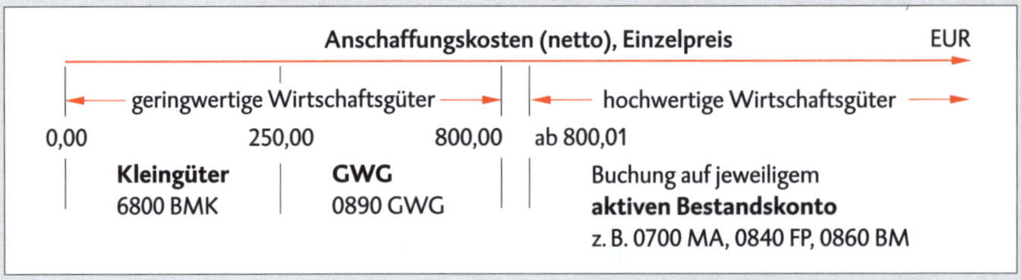

Buchung beim Einkauf

Beispiel

- Zielkauf einer CNC-Maschine, Listenpreis 1.000.000,00 € abzgl. 10 % Rabatt. Für Transport und Einrichtung fallen 12.500,00 € netto an.

Listenpreis	1.000.000,00 €
– Rabatt	100.000,00 €
+ Anschaffungsnebenkosten	12.500,00 €
= Anschaffungskosten	912.500,00 €

0700 MA	912.500,00 €			
2600 VORST	173.375,00 €	an	4400 VE	1.085.875,00 €

- Die Rechnung für das für die CNC-Maschine errichtete Fundament geht ein, 4.400,00 € netto.

0700 MA	4.400,00 €			
2600 VORST	836,00 €	an	4400 VE	5.236,00 €

Geringwertige Wirtschaftsgüter (GWG)

Als GWG werden Anlagegüter bezeichnet, die **abnutzbar, beweglich, selbstständig nutzbar sind** und **bis maximal 800,00 € netto** kosten. Die Buchung erfolgt, abhängig vom Netto-Einzelpreis, auf den Konten 0890 GWG und 6800 BMK.

Konto 0890 GWG

Auf dem Konto 0890 GWG werden Anlagegüter erfasst, deren **Anschaffungskosten zwischen 250,01 € und 800,00 € netto liegen.**

Beispiel Barkauf von zwei Faxgeräten für insgesamt 750,00 € netto

0890 GWG	750,00 €			
2600 VORST	142,50 €	an	2880 KA	892,50 €

Konto 6800 BMK (Kleingüter)

Kleingüter sind Anlagegüter mit **Anschaffungskosten bis 250,00 € netto.**

Beispiel Kauf eines Werkzeugkastens für 230,00 € netto gegen Barzahlung

6800 BMK	230,00 €			
2600 VORST	43,70 €	an	2880 KA	273,70 €

MERKE

Kleingüter werden **sofort als Aufwand** gebucht.

Büromaterial (Schreibmaterial, Tintenpatronen, Toner für Drucker etc.) wird – unabhängig vom Einzelpreis – ebenfalls auf 6800 BMK gebucht.

11.2 Berechnungen und Buchungen bei Abschreibungen auf Sachanlagen

Durch Abschreibungen werden Wertminderungen bei Anlagegütern erfasst (steuerrechtliche Bezeichnung: **A**bsetzung **f**ür **A**bnutzung, AfA).

Anlagegüter	
abnutzbar	**nicht abnutzbar**
Gebäude, Maschinen, Fahrzeuge	Grundstücke, Beteiligungen an anderen Unternehmen

Wertminderungen bei abnutzbaren Anlagegütern		
natürlicher Verschleiß	**technischer Fortschritt**	**außergewöhnliche Ereignisse**
durch Nutzung, Verrosten	Erfindungen, neue Gesetze erfordern technische Neuerungen	Unfall, Feuer, Wasserschaden

Berechnung der Abschreibung

Die **Höhe der Abschreibung** hängt von den Anschaffungs-/Herstellkosten und der Nutzungsdauer (aus den AfA-Tabellen des Finanzamts zu entnehmen) ab.

$$\textbf{Abschreibungsbetrag (linear)} = \frac{\text{Anschaffungskosten}}{\text{Nutzungsdauer}}$$

$$\textbf{Abschreibungssatz (\%)} = \frac{100}{\text{Nutzungsdauer}}$$

Die lineare Abschreibung

Kennzeichen der linearen Abschreibung:

- bei **beweglichen und unbeweglichen** Anlagegütern
- Abschreibung von den Netto-Anschaffungs-/Herstellungskosten
- **gleichbleibende** Abschreibungsbeträge
- Buchwert nach Ablauf der Nutzungsdauer **0,00 €**
- bei Weiternutzung des Anlageguts nach Ablauf der Nutzungsdauer Ansetzung von **einem Euro als sogenannter Erinnerungswert**
- zeitanteiliges Ansetzen des Wertverlustes
- *Vorteil:* einfaches und übersichtliches Verfahren

Beispiel Kauf einer neuen PC-Anlage im August 01, Anschaffungskosten netto 6.840,00 €, Nutzungsdauer laut AfA-Tabelle 3 Jahre

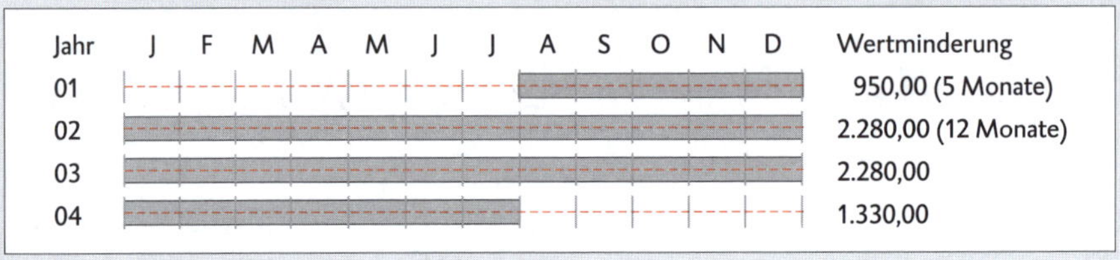

Berechnung der Wertminderung im Jahr 01:
2.280,00 € : 12 Monate = 190,00 € (Abschreibungsbetrag pro Monat)
190,00 € · 5 Monate = 950,00 € (Abschreibungsbetrag für den Zeitraum Aug. bis Dez.)

Buchung der Abschreibung

Beispiel Die PC-Anlage (Einkauf erfolgte im August 01, siehe oben), Anschaffungskosten 6.840,00 €, Nutzungsdauer 3 Jahre, wird am Ende des 2. Nutzungsjahres linear abgeschrieben.

6520 ABSA		an	0860 BM	2.280,00 €
				(Abschreibung im 2. Jahr 12 Monate)

Buchung am Ende des 3. Nutzungsjahres, die PC-Anlage wird weiter genutzt.

6520 ABSA		an	0860 BM	1.329,00 €
				(Erinnerungswert 1,00 €)

Abschreibung von GWG

Konto 0890 GWG

Auf **0890 GWG** gebuchte Güter werden zum Jahresende **in voller Höhe abgeschrieben**.

Beispiel Das Konto 0890 GWG weist am Jahresende einen Bestand von 4.500,00 € aus.

6540 ABGWG		an	0890 GWG	4.500,00 €

Konto 6800 BMK (Kleingüter)

Kleingüter (6800 BMK; Aufwandskonto) werden bereits beim Einkauf als **Aufwand** verbucht bzw. abgeschrieben.

Auswirkungen von Abschreibungen

Abschreibungen dienen der Selbstfinanzierung

Eine Maschine wird bei der Produktion abgenutzt und entsprechend abgeschrieben. Die Abschreibung wird in die Verkaufspreise (Selbstkosten) einkalkuliert. Am Ende der Nutzungsdauer hat das Unternehmen über die Umsatzerlöse genug Mittel angespart, um die abgeschriebene Maschine zu ersetzen (= Selbstfinanzierung/Substanzerhaltung).

Abschreibungen beeinflussen die Steuern

Die Abschreibungen wirken sich direkt auf die GUV-Rechnung aus. Sie erhöhen den Aufwand und mindern damit den Gewinn, die Steuerbelastung sinkt.

11.3 Weitere Buchungen im Anlagenbereich

6160 FRI (Fremdinstandhaltung)

Instandhaltungsmaßnahmen sollen das Anlagegut in ordnungsgemäßem Zustand halten. Dazu zählen Reparaturen oder Serviceleistungen (z. B. IT-Dienstleistungen) durch externe Unternehmen.

Beispiel Die Fertigungshalle wird neu gestrichen. Die Rechnung beläuft sich auf 5.700,00 € netto.

6160 FRI	5.700,00 €			
2600 VORST	1.083,00 €	an	4400 VE	6.783,00 €

6700 AWMP (Mieten, Pachten)

Miete: Gebrauch einer Sache gegen Zahlung eines Mietzinses
Pacht: Gebrauch einer Sache gegen Zahlung eines Pachtzinses mit dem Ziel der Ertragserzielung (z. B. Pacht eines Feldes)

Beispiel Die Rechnung für die gemietete Lagerhalle geht ein, 3.000,00 € netto.

6700 AWMP	3.000,00 €			
2600 VORST	570,00 €	an	4400 VE	3.570,00 €

6900 VBEI (Versicherungsbeiträge)

Hierzu zählen die Kfz-, Feuer-, Einbruch-, Diebstahl-, Insolvenz- und Betriebshaftpflichtversicherung (zur Deckung von Schäden, die anderen z. B. durch fehlerhafte Produkte entstehen).

Beispiel Eingangsrechnung über die Betriebshaftpflichtversicherung, 2.300,00 €

6900 VBEI		an	4400 VE	2.300,00 €

MERKE

Die Versicherungssteuer wird ebenfalls auf das Konto VBEI gebucht. Es fällt **keine Umsatzsteuer** an.

11.4 Investitionsrechnung

Mithilfe der Investitionsrechnung wird überprüft, welches der möglichen Investitionsvorhaben vorteilhafter ist.

Amortisationsrechnung

Mit der Amortisationsrechnung wird berechnet, **wie lange es dauert, bis die Anschaffungskosten eines Anlageguts durch Rückflüsse gedeckt sind.** Berücksichtigt werden Gewinn, Abschreibungen und kalkulatorische Zinsen.

Beispiel *eX-treme Bike* plant, eine neue CNC-Maschine zur Herstellung von Zahnrädern anzuschaffen, und muss sich zwischen zwei Angeboten entscheiden (*CNC-Solution* und *TOP-Robot*). Die Maschine von *CNC-Solution* amortisiert sich in 2,35 Jahren.

Angebot von *TOP-Robot*				
Anschaffungskosten	Nutzungsdauer	Produktionsmenge/Jahr	kalkulatorischer Zinssatz	Gewinn/Stück
87.500,00 €	7 Jahre	140.000	3 %	0,19 €

Amortisationsrechnung von *TOP-Robot*	
Abschreibung/Jahr	$\frac{87.500,00\ €}{7\ \text{Jahre}} = 12.500,00\ €$
kalkulatorische Zinsen/Jahr	$\frac{87.500,00\ € \cdot 3}{2 \cdot 100} = 1.312,50\ €$
Gewinn/Jahr	$140.000 \cdot 0,19\ € = 26.600,00\ €$
Amortisationszeit in Jahren	$\frac{87.500,00\ €}{(12.500,00 + 1.312,50 + 26.600,00)\ €/\text{Jahr}}$ = **2,17 Jahre**

$$\text{kalkulatorische Zinsen} = \frac{\text{Anschaffungskosten} \cdot \text{Zinssatz}}{2 \cdot 100}$$

$$\text{Amortisationszeit} = \frac{\text{Anschaffungskosten}}{\text{Abschreibung} + \text{kalk. Zinsen} + \text{Gewinn}}$$

Die Maschine von *TOP-Robot* amortisiert sich bereits nach 2,17 Jahren.

Kostenvergleichsrechnung

Bei der Kostenvergleichsrechnung werden die **jährlich anfallenden Gesamtkosten einer Investition verglichen**. Dabei werden variable und fixe Kosten unterschieden.

Beispiel *eX-treme Bike* vergleicht zusätzlich die jährlich anfallenden Kosten bei beiden Angeboten. Bei der Maschine von *CNC-Solution* betragen diese 86.720,00 €.

Kostenvergleichsrechnung für *TOP-Robot*	
Anschaffungskosten	87.500,00 €
Nutzungsdauer	7 Jahre
Produktionsmenge/Jahr	140.000
variable Kosten/Jahr	
Materialkosten	0,17 €/Stück · 140.000 = 23.800,00 €
Energieverbrauch	0,07 €/Stück · 140.000 = 9.800,00 €
Personalkosten	0,19 €/Stück · 140.000 = 26.600,00 €
sonstige variable Kosten	4.600,00 €
Summe variable Kosten/Jahr	**64.800,00 €**
fixe Kosten/Jahr	
Abschreibung/Jahr	$\frac{87.500,00\ €}{7\ \text{Jahre}} = 12.500,00\ €$
kalkulatorische Zinsen/Jahr (Zinssatz: 3 %)	$\frac{87.500,00\ € \cdot 3}{2 \cdot 100} = 1.312,50\ €$
sonstige fixe Kosten	6.900,00 €
Summe fixe Kosten/Jahr	**20.712,50 €**
Gesamtkosten	**85.512,50 €**

Auch hier schneidet die Maschine von *TOP-Robot* besser ab. Die Gesamtkosten sind niedriger als bei *CNC-Solution*.

Aufgaben

Bearbeiten Sie folgende Aufgabenstellungen aus Sicht von *eX-treme Bike*.

49 Erklären Sie den Begriff „Anlagegüter".

50 Erläutern Sie anhand von zwei konkreten Beispielen den Begriff „Rationalisierungsinvestition".

51 Nennen Sie je zwei Beispiele für Anschaffungsnebenkosten beim Grundstücks- und Lkw-Kauf.

52 In der Verwaltung von *eX-treme Bike* stehen den Mitarbeitern u. a. Tablets und Laptops als Arbeitsgeräte zur Verfügung.
Beschreiben Sie, unter welchen Voraussetzungen diese Geräte auf 6800 BMK, auf 0890 GWG oder auf 0860 BM erfasst werden.

53 *eX-treme Bike* kauft drei PC-Bildschirme zum Stückpreis von 350,00 € netto gegen Rechnung. Bilden Sie den Buchungssatz.

54 *eX-treme Bike* kauft im April 2022 eine Lackiermaschine zum Listenpreis von 6.500,00 € abzüglich 15 % Rabatt. Für die Lieferung fallen 350,00 € netto an. Für den Betrieb der Maschine ist eine Computersoftware erforderlich, für die 570,00 € netto in Rechnung gestellt werden. Die Nutzungsdauer der Lackiermaschine beträgt laut AfA-Tabelle 5 Jahre.

- **a** Berechnen Sie die Anschaffungskosten.
- **b** Bilden Sie den Buchungssatz für den Zielkauf der Lackiermaschine.
- **c** Berechnen Sie den Abschreibungssatz.
- **d** Erstellen Sie eine Abschreibungstabelle für die ersten drei Nutzungsjahre.
- **e** Bilden Sie den Buchungssatz für die Erfassung der Abschreibung …
  - im Jahr der Anschaffung.
  - im darauffolgenden Jahr.
- **f** Erläutern Sie, wie Abschreibungen die Steuerlast eines Unternehmens beeinflussen.

55 Das Konto 0890 GWG weist am 31.12. einen Saldo von 14.320,00 € aus. Bilden Sie den Buchungssatz für die Erfassung der Wertminderung.

56 Bilden Sie die Buchungssätze für die beiden folgenden Geschäftsfälle.

a Die Miete für die Fertigungshalle wird vom Geschäftskonto abgebucht, 2.400,00 € netto.

b Die Reparatur einer Fertigungsmaschine wird bar bezahlt, 285,60 € brutto.

57 *eX-treme Bike* plant, einen neuen Schweißroboter anzuschaffen. Es liegen zwei Angebote der Unternehmen *Tech-Evolution* und *Sky-Robot* vor.
Die Maschine von *Tech-Evolution* amortisiert sich in 2,95 Jahren, zum Angebot von *Sky-Robot* liegen folgende Informationen vor:

Angebot von *Sky-Robot*				
Anschaffungskosten	Nutzungsdauer	Produktionsmenge/Jahr	kalkulatorischer Zinssatz	Gewinn/Stück
55.000,00 €	5 Jahre	24.000	3,4 %	0,25 €

Überprüfen Sie mithilfe der Amortisationsrechnung, bei welchem Angebot die Anschaffungskosten schneller gedeckt sind.

58 *eX-treme Bike* muss eine alte Drehbank ersetzen und hat zwei Angebote eingeholt. Folgende Informationen liegen vor:

	Angebot *Metal-Shop*	Angebot *MetalPro*
Anschaffungskosten	34.900,00 €	33.400,00 €
Produktionsmenge/Jahr	5.500 Stück	5.500 Stück
variable Kosten		
Personalkosten/Stück	0,25 €	0,21 €
Materialkosten/Stück	0,32 €	0,35 €
Energiekosten/Stück	0,28 €	0,31 €
sonstige variable Kosten/Jahr	1.900,00 €	2.050,00 €
fixe Kosten		
Nutzungsdauer (lin. Abschreibung)	16 Jahre	16 Jahre
kalk. Zinssatz p.a.	4,5 %	4,5 %
sonstige fixe Kosten/Jahr	3.100,00 €	3.200,00 €

Ermitteln Sie mithilfe der Kostenvergleichsrechnung, bei welchem Angebot die jährlichen Gesamtkosten niedriger sind.

12 Möglichkeiten der Finanzierung

Zur Finanzierung von Investitionen (z. B. Kauf von Maschinen, Bau einer Fertigungshalle) benötigen Unternehmen in der Regel Fremdkapital. Für die Gewährung von Krediten verlangen Banken Zinsen.

12.1 Grundlagen

Goldene Finanzierungsregel

Ein Unternehmen sollte auf die Einhaltung des finanziellen Gleichgewichts achten:

→ Langfristiges Vermögen (AV) soll durch langfristiges Kapital (Eigenkapital + langfristiges Fremdkapital) gedeckt sein.

$$\frac{\text{langfristiges Vermögen}}{\text{langfristiges Kapital}} \leq 1$$

→ Kurzfristiges Vermögen (UV) soll größer als das kurzfristige Fremdkapital sein.

$$\frac{\text{kurzfristiges Vermögen}}{\text{kurzfristiges Fremdkapital}} \geq 1$$

Eigenkapitalquote (Finanzierung)

Die Kennzahl gibt den Anteil des Eigenkapitals am Gesamtkapital an.

$$\text{Eigenkapitalquote (\%)} = \frac{\text{Eigenkapital} \cdot 100}{\text{Gesamtkapital}}$$

Durchschnitt in Deutschland: EK-Anteil ca. 30 % (branchenabhängig)
Vorteile einer hohen EK-Quote: Das Unternehmen ist krisenfest, d. h., für wirtschaftlich schlechte Phasen gewappnet. Darüber hinaus ist es sehr kreditwürdig und relativ unabhängig von Gläubigern. Auch die Belastung durch Schuldzinsen ist sehr gering.

Finanzierungsmöglichkeiten: Eigen- und Fremdfinanzierung

- **Eigenfinanzierung**
  Eigenfinanzierung bedeutet, dass Investitionen aus eigenen Mitteln finanziert werden.

Eigenfinanzierung		
Selbstfinanzierung	**Stiller Gesellschafter**	**Ausgabe neuer Aktien**
Unternehmensgewinne werden nicht ausgeschüttet, sondern einbehalten = Thesaurierung	Ein Teilhaber, der sich nur mit Kapital am Unternehmen beteiligt. Er erhält auch einen Anteil am Unternehmensgewinn.	Kapitalerhöhung einer AG durch Ausgabe neuer, „junger" Aktien

- **Fremdfinanzierung**
  Reichen die eigenen Mittel zur Umsetzung einer Investition nicht aus, muss Kapital von außerhalb des Unternehmens zugeführt werden. In der Regel werden kurz- oder langfristige Kredite bei Banken aufgenommen. Für die Gewährung von Krediten verlangen Banken Zinsen.

Im Folgenden geht es um die Möglichkeiten der **Fremdfinanzierung**.

12.2 Fremdfinanzierung: Wichtige Begriffe

Kreditfähigkeit

Kreditverträge dürfen ab einem Alter von 18 Jahren abgeschlossen werden.

Kreditwürdigkeit

persönlich: Zuverlässigkeit, berufliche Qualifikation
materiell: regelmäßiges Einkommen, Immobilienbesitz, keine Schulden

Kreditsicherung

Bürgschaft, Zession (Sicherungsabtretung), Sicherungsübereignung, Hypothek

SCHUFA (Schutzgemeinschaft für allgemeine Kreditsicherung)

Kerngeschäft der SCHUFA ist die Sammlung kreditrelevanter Informationen über Privatpersonen/Unternehmen (z. B. Höhe/Laufzeit von Krediten, Bürgschaften, Zahlungsausfälle). Vor der Kreditvergabe fragen Banken diese Informationen ab, um die Kreditwürdigkeit zu prüfen.

12.3 Kreditarten

Verwendung	
• Konsumenten-/Privatkredit • Produktions-/Investitionskredit	
Laufzeit	
kurzfristig	**langfristig**
• Lieferantenkredit (s. u.) • Kontokorrentkredit (s. u.) • Dispositionskredit (s. u.)	• Annuitätendarlehen (s. u.) • Abzahlungsdarlehen (s. u.) • Festdarlehen (s. u.)
Sicherung	
• Personalkredite (z. B. Verpfändung von Wertpapieren) • Realkredite (z. B. Hypothek)	

Lieferantenkredit

Ein Lieferant hat das Recht auf sofortige Bezahlung der Ware. Räumt er dem Kunden ein Zahlungsziel von z. B. 60 Tagen ein, bedeutet dies, dass er dem Kunden einen Kredit über diesen Zeitraum gibt. Dafür verlangt der Lieferer Zinsen (Skonto).

Kontokorrentkredit

Die Bank räumt einem Unternehmer das Recht ein, sein Konto bis zu einer bestimmten Kreditlinie zu überziehen.

Dispositionskredit

Auch Privatpersonen wird die Möglichkeit eingeräumt, das Konto bis zu einer festgelegten Kreditlinie zu überziehen.

Annuitätendarlehen

Die regelmäßige Zahlung (Tilgung + Zinsen) bleibt konstant (= Annuität), der Anteil der Zinsen sinkt und der Anteil der Tilgung steigt über den Kreditzeitraum.

Abzahlungsdarlehen

Die Tilgung bleibt konstant, Zinsen und Annuität sinken.

Festdarlehen

Die Tilgung erfolgt zum Ende der Laufzeit in einer Summe, die anfallenden Zinszahlungen bleiben konstant.

12.4 Berechnungen im Kreditbereich

Berechnung der Zinstage

Die Zinstage werden nach der deutschen Zinsmethode berechnet:

- Jeder Monat hat 30 Zinstage, das Jahr hat 360 Zinstage.
- Der erste Tag der Laufzeit wird nicht mitgerechnet, der letzte schon.

Beispiel *eX-treme Bike* nimmt einen Kredit vom 27.05. bis 15.07. auf, dies entspricht einem Zeitraum von 48 Tagen: 3 (Mai) + 30 (Juni) + 15 (Juli).

Zinsformel

$$\text{Zinsen} = \frac{\text{Kapital} \cdot \text{Zinssatz} \cdot \text{Zeit}}{100 \cdot 360}$$

Beispiel *eX-treme Bike* hat einen Kredit in Höhe von 140.000,00 € über eine Laufzeit von 320 Tagen aufgenommen zu einem Zinssatz von 5,3 %.

$$\text{Zinsen} = \frac{140.000,00 \cdot 5,3 \cdot 320}{100 \cdot 360} = 6.595,56\,€$$

Der effektive Zinssatz

Der effektive Zinssatz berücksichtigt die tatsächlichen Kreditkosten.

effektiver Zinssatz: $p_{eff} = \frac{\text{Kreditkosten} \cdot 100 \cdot 360}{\text{ausgezahltes Kapital} \cdot \text{Tage}}$

MERKE

Kreditkosten = Zinsen + Disagio (auch Damnum, Abgeld)

ausgezahltes Kapital = Kreditbetrag – Disagio

Das **Disagio** ist ein vorausbezahlter Zins, der vom Kreditbetrag abgezogen und nicht ausbezahlt wird. Hierdurch vermindert sich der Nominalzins. Angegeben wird das Disagio in Prozent des Kreditbetrages (z. B. 5 % Disagio) oder als Auszahlungsbetrag/-kurs (z. B. 95 % Auszahlungskurs).

Vergleich von Lieferanten- und Kontokorrentkredit

Beispiel *eX-treme Bike* kauft Fahrradschaltungen zum Rechnungspreis von 3.520,00 €. Rechnungsdatum ist der 8. November, Zahlungsziel 30 Tage. Bei Zahlung innerhalb von 10 Tagen werden 2,5 % Skonto gewährt.

eX-treme Bike möchte die Rechnung innerhalb der Skontofrist begleichen. Da das Konto kein Guthaben aufweist, muss der Kontokorrentkredit in Anspruch genommen werden (Zinssatz 12,5 %).
Wie hoch ist die Einsparung bei Nutzung des Kontokorrentkredits?

Vorgehen bei der Berechnung (am Beispiel)

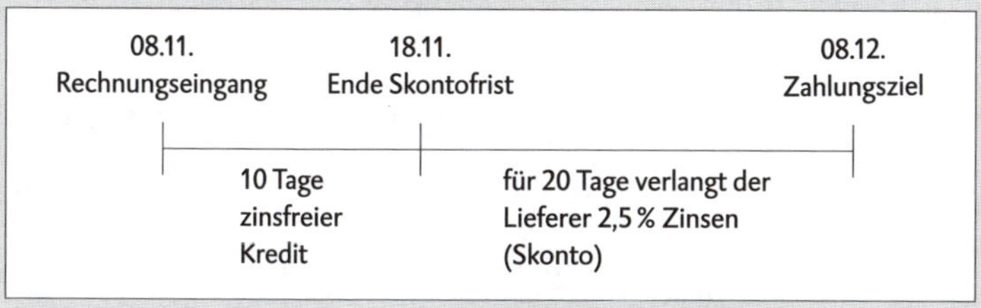

1. Berechnung Kosten Lieferantenkredit = **Nettoskonto** = 73,95 €

Rechnungsbetrag	3.520,00 €	Nettoskonto	73,95 €
– 2,5 % Skonto	88,00 €		
Überweisungsbetrag	3.432,00 €	VORST-Anteil	14,05 €

2. Berechnung Kosten Kontokorrentkredit = **Zinsen** über die Laufzeit von ebenfalls 20 Tagen

$$Z = \frac{3.432{,}00 \cdot 12{,}5 \cdot 20}{100 \cdot 360} = 23{,}83\ €$$

3. Vergleich der Kosten

Kosten Lieferantenkredit	73,95 €
– Kosten Kontokorrentkredit	23,51 €
= Ersparnis durch Kontokorrentkredit	50,44 €

MERKE

Der Lieferantenkredit ist ein sehr **teurer Kredit** und sollte daher in der Regel nicht in Anspruch genommen werden.

12.5 Buchungen im Kreditbereich

Beispiele

- Ein Hypothekarkredit in Höhe von 500.000,00 € wird auf dem Geschäftskonto von *eX-treme Bike* gutgeschrieben.

2800 BK		an	4250 LBKV	500.000,00 €

- Bankgutschrift eines Kredits (2 Jahre) über 20.000,00 €. Von der Kreditsumme werden 4 % Disagio einbehalten.

2800 BK	19.200,00 €			
7510 ZAW	800,00 €	an	4250 LBKV	20.000,00 €

- Schuldendienst: Überweisung der monatlichen Tilgungsrate von 4.000,00 € und der fälligen Zinsen (Sollzinsen) in Höhe von 370,00 € für einen kurzfristigen Kredit

4200 KBKV	4.000,00 €			
7510 ZAW	370,00 €	an	2800 BK	4.370,00 €

- Kontoführungsgebühren 25,00 € und Überziehungszinsen 83,00 € werden vom Konto abgebucht.

6750 KGV	25,00 €			
7510 ZAW	83,00 €	an	2800 BK	108,00 €

MERKE

Umsätze von Banken und Kreditleistungen sind umsatzsteuerfrei. Für Kosten des Geldverkehrs und Zinsen fällt daher **keine Umsatzsteuer** an.

- Die Bank gewährt *eX-treme Bike* auf dem Geschäftskonto einen Kontokorrentkredit über 40.000,00 €.

  → Keine Buchung!

12.6 Zahlungsverzug

Ein Schuldner gerät in Zahlungsverzug **durch Mahnung** oder, wenn er spätestens **30 Tage nach Fälligkeit** noch nicht bezahlt hat. Ist ein festes Datum für die Zahlung bestimmt, bedarf es keiner Mahnung.
Der Gläubiger kann Verzugszinsen und Mahn-/Bearbeitungsgebühren verlangen.

Beispiel Ein Lieferer stellt *eX-treme Bike* wegen Zahlungsverzug 12,80 € Verzugszinsen und 10,00 € Bearbeitungsgebühr in Rechnung.

7510 ZAW	12,80 €			
6750 KGV	10,00 €	an	4400 VE	22,80 €

12.7 Weitere Finanzierungsmöglichkeiten

Leasing

Der Leasingnehmer ist für eine festgelegte Laufzeit Besitzer des Leasingguts (z. B. EDV-Anlage, Auto). Dafür entrichtet er eine einmalige Sonderzahlung sowie monatliche Leasingraten. Am Ende der Laufzeit gibt er die Sache zurück oder erwirbt sie zum Restwert.
Vorteile: geringer Kapitalbedarf, Nutzung neuester Technik
Nachteile: in der Regel teurer als Kauf, kein Eigentumserwerb

Öffentliche Förderprogramme

Durch staatliche Förderprogramme (Bund, Länder) für Unternehmen sollen politische oder wirtschaftliche Ziele erreicht werden, z. B. Schaffung von Arbeitsplätzen, Entwicklung umweltfreundlicher Technologien. Die Förderung erfolgt u. a. über die Vergabe **zinsgünstiger Kredite** oder **Zuschüsse** (müssen nicht zurückgezahlt werden), Kreditsicherung durch **staatliche Kreditbürgschaften** oder **Beteiligungen** an Unternehmen.

Factoring

Durch Factoring kann ein Unternehmer seine **Forderungen absichern**. Er verkauft Forderungen an ein Factoringinstitut (Factor), das die Verwaltung der Forderung übernimmt (Mahnwesen, Inkasso).

Vorteile	Nachteile
• Verbesserung der Liquidität, da die Zahlung sofort erfolgt • weniger Verwaltungsaufwand • **Delkredere** (echtes Factoring): Der Factor übernimmt gegen Gebühr das Ausfallrisiko.	• anfallende Gebühren • evtl. Belastung der Kundenbeziehung

Aufgaben

Bearbeiten Sie folgende Aufgabenstellungen aus Sicht von *eX-treme Bike*.

59 Erklären Sie, was die goldene Finanzierungsregel besagt.

60 Es liegt folgende aufbereitete Bilanz vor:

AKTIVA	Bilanz 31.12.20..		PASSIVA
AV		**EK**	1.370.000,00
Sachanlagen	2.012.000,00	**FK**	
UV		langfristig	1.240.500,00
Vorräte	751.300,00	kurzfristig	1.055.900,00
Forderungen	642.800,00		
flüssige Mittel	260.300,00		
	3.666.400,00		3.666.400,00

Berechnen Sie die Eigenkapitalquote.

61 Beschreiben Sie Vorteile einer hohen Eigenkapitalquote für ein Unternehmen.

62 Erklären Sie den Begriff „Thesaurierung".

63 Unterscheiden Sie:
- Annuitätendarlehen
- Abzahlungsdarlehen
- Kontokorrentkredit

64 Berechnen Sie jeweils die fehlenden Werte für die Kredite 1 – 5.

	1	2	3	4	5
Kreditsumme (K)	36.000,00		88.000,00	4.000,00	235.000,00
Zinssatz (p)	3,48	4,42		3,80	
Laufzeit (t)	248	540	180		720
Zinsen (€)		35.802,00	2.310,00	38,00	22.748,00

65 Für die Finanzierung einer Maschine benötigt *eX-treme Bike* einen Kredit und hat zwei Angebote über 73.000,00 € eingeholt.

Angebot *Bayernbank*	Angebot *Easy Money Direktbank*
Laufzeit: 4 Jahre	Laufzeit: 4 Jahre
Zinssatz nominal: 4,1 % p. a.	Zinssatz nominal: 3,9 % p. a.
Disagio: 0,5 %	Disagio: 1,5 %

a Überprüfen Sie rechnerisch, welches Kreditangebot günstiger ist.

b *eX-treme Bike* nimmt das Angebot der *Bayernbank* an. Bilden Sie den Buchungssatz für die Bereitstellung des Kredits auf dem Geschäftskonto.

66 *eX-treme Bike* kauft Aluminiumrohre zum Listenpreis von 8.720,00 € gegen Rechnung. Zahlungsbedingungen: Zahlungsziel 60 Tage, bei Zahlung innerhalb von 10 Tagen 3 % Skonto.

a Bilden Sie den Buchungssatz bei Eingang der Rechnung.

b *eX-treme Bike* will innerhalb der Skontofrist bezahlen, muss dafür aber das Geschäftskonto überziehen.
Berechnen Sie die Ersparnis, wenn zur Begleichung der Rechnung der Kontokorrentkredit in Anspruch genommen wird und die Bank 11 % p. a. Sollzinsen berechnet.

c Bilden Sie den Buchungssatz für die Begleichung der Rechnung innerhalb der Skontofrist per Banküberweisung.

67 Bilden Sie die Buchungssätze zu folgenden Geschäftsfällen:

a Die Bank schreibt *eX-treme Bike* einen Kredit über 8.000,00 €, Laufzeit 9 Monate, auf dem Geschäftsbankkonto gut.

b Die Hausbank belastet das Geschäftsbankkonto mit der Tilgung für ein Darlehen in Höhe von 3.000,00 € und Sollzinsen in Höhe von 630,00 €.

c Vom Geschäftskonto werden die Kontoführungsgebühren abgebucht, 6,50 €.

68 Nennen Sie je zwei Vorteile und Nachteile des Leasing.

69 Nennen Sie zwei konkrete Ziele öffentlicher Förderprogramme.

13 Kapitalanlage

13.1 Ziele der Geldanlage

Anlageziele („magisches Dreieck“)

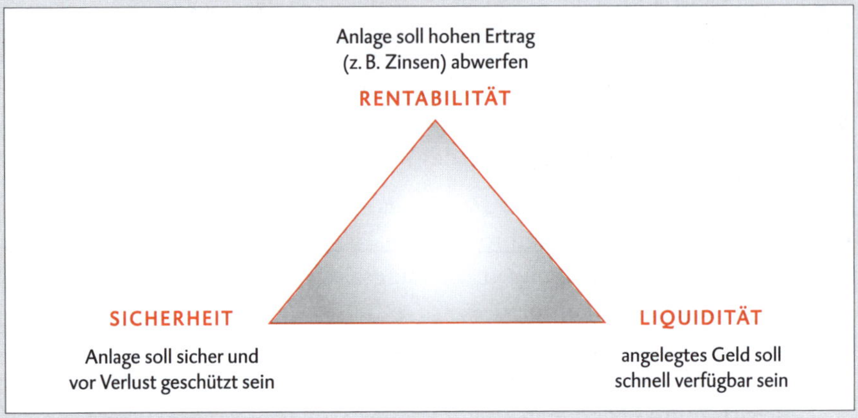

Zielkonflikte

Rentabilität vs. Sicherheit; Rentabilität vs. Liquidität

Erweiterung des magischen Dreiecks

Nachhaltigkeit

Bei der Bewertung von Anlageformen gewinnt der Gedanke der **Nachhaltigkeit** zunehmend an Bedeutung. Bei Kapitalanlagen werden dann zusätzlich ethische, ökologische und soziale Aspekte berücksichtigt (z. B. Geldanlage in Unternehmen, die umweltschonend produzieren).

Diversifikation

Anlagestrategie, bei der durch die Geldanlage in verschiedene Anlageformen das Verlustrisiko minimiert wird

13.2 Möglichkeiten der Kapitalanlage

Immobilien

Die Nachfrage nach Immobilien als Kapitalanlage hat in den vergangenen Jahren zugenommen und die Preise von Wohnungen und Häusern sind stark gestiegen. Neben einer möglichen Wertsteigerung tragen Mieteinnahmen zur Rendite bei. Beim Kauf einer Immobilie sind u. a. Verwaltungs- und Instandhaltungskosten zu bedenken.

Edelmetalle

Besonders in Wirtschaftskrisen erscheinen vielen Anlegern Gold und Silber als attraktive Geldanlage. Die Preise von Edelmetallen unterliegen zum Teil starken Schwankungen.

Einlageformen bei Banken

Sichteinlagen (Giralgeld)	
Guthaben bei Kreditinstituten, über die man jederzeit verfügen kann, z. B. Girokonto, Kontokorrentkonto.	
Termineinlagen	
Festgelder	**Kündigungsgelder**
Der Bank wird ein bestimmter Betrag über einen festgelegten Zeitraum (mind. 1 Monat) überlassen.	Will der Bankkunde auf das angelegte Kapital zugreifen, muss er kündigen und die vereinbarte Kündigungsfrist abwarten.

Wertpapiere

Wertpapiere/Effekten	
festverzinsliche Wertpapiere	**Aktien/Investmentzertifikate**
= Gläubiger-/Rentenpapiere/Schuldverschreibungen: Anleihen, Pfandbriefe, Obligationen Der Zinssatz ist festgelegt.	= Teilhaber-/Dividendenpapiere (siehe folgende Seite)

13.3 Aktien als Möglichkeit der Geldanlage

Aktien sind Wertpapiere, die den Aktionär als Mitinhaber der Aktiengesellschaft ausweisen. Aktionäre sind berechtigt, am Unternehmensgewinn teilzuhaben (Dividende).

Börse

Marktplatz, an dem Wertpapiere (Aktien, Anleihen etc.) gehandelt werden

Nennwert

Wert, der auf der Aktie aufgedruckt ist (Anteil einer Aktie am Grundkapital der AG)

Kurs/Stückkurs

Preis, zu dem eine Aktie zu einem bestimmten Zeitpunkt an der Börse gehandelt wird

Kurswert

Wert, zu dem eine bestimmte Anzahl Aktien an der Börse gehandelt wird (tatsächlicher Wert); Kurswert = Stückkurs · Stückzahl

Spesen

Kosten, die bei Effektengeschäften entstehen, z. B. Provision, Bearbeitungsgebühr, Maklergebühr (Courtage): **1 % vom Kurswert**

Gewinnverwendung einer AG

Thesaurierung	Ausschüttung
Einbehaltung des Gewinns, z. B. für Erweiterungsinvestitionen	Dividendenzahlung an Aktionäre

Aktienindizes, z. B.:

DAX (Deutscher Aktienindex): enthält 40 Aktien führender deutscher AGs
TecDAX: Index von 30 Technologieunternehmen

13.4 Berechnungen im Aktienbereich

Kauf von Aktien	Verkauf von Aktien	Kursgewinn/-verlust
Kurswert	Kurswert	Verkaufserlös
+ 1 % Spesen vom KW	– 1 % Spesen vom KW	– Kapitaleinsatz
= Banklastschrift	= Bankgutschrift	= Kursgewinn/-verlust

13.5 Buchungen bei Aktiengeschäften

Beispiel

- Kauf von 100 BMW-Aktien zum Stückkurs von 85,40 € per Banküberweisung

Kaufabrechnung (immer erstellen!)

Kurswert	8.540,00 €	100 %
+ 1 % Spesen vom KW	85,40 €	1 %
= Banklastschrift	8.625,40 €	101 %

1500 WP		an	2800 BK	8.625,40 €

- Überweisung der Dividende, 2,50 € pro Aktie
Gesamtdividende: 2,50 € · 100 Aktien = 250,00 €

2800 BK		an	5780 DDE	250,00 €

MERKE

Wird die Dividende in Prozent angegeben, ist der Betrag vom **Nennwert der Aktie** zu berechnen.

- Verkauf der BMW-Aktien zum Stückkurs von 78,50 €

Verkaufsabrechnung (immer erstellen!)

Kurswert	7.850,00 €	100 %	(= 100 · 78,50 €)
– 1 % Spesen vom KW	78,50 €	1 %	
= Bankgutschrift	7.771,50 €	99 %	

Berechnung Kursgewinn/-verlust (immer erstellen!)

Bankgutschrift	7.771,50 €
– Anschaffungskosten	8.625,40 €
= **Kursverlust**	–853,90 €

2800 BK	7.771,50 €			
7460 VAWP	853,90 €	an	1500 WP	8.625,40 €

- Verkauf der BMW-Aktien zum Stückkurs von 88,20 EUR

Verkaufsabrechnung

Kurswert	8.820,00 €	100 %	(= 100 · 88,20 €)
– 1 % Spesen vom KW	88,20 €	1 %	
= Bankgutschrift	8.731,80 €	99 %	

Berechnung Kursgewinn/-verlust

Bankgutschrift	8.731,80 €
– Anschaffungskosten	8.625,40 €
= **Kursgewinn**	106,40 €

2800 BK	8.731,80 €	an	1500 WP	8.625,40 €
			5650 EAWP	106,40 €

13.6 Weitere Buchungen im Geldanlagenbereich

5400 EMP (Erlöse aus Vermietung und Verpachtung)

Beispiel *eX-treme Bike* hat eine Produktionshalle an ein benachbartes Unternehmen vermietet. Die Miete für Oktober geht auf dem Geschäftskonto ein, 3.500,00 € netto.

2800 BK	4.165,00 €	an	5400 EMP	3.500,00 €
			4800 UST	665,00 €

5710 ZE (Zinserträge)

Beispiel *eX-treme Bike* erhält die Zinsgutschrift für eine Festgeldanlage aufs Geschäftskonto, 173,00 €.

2800 BK		an	5710 ZE	173,00 €

Aufgaben

Bearbeiten Sie folgende Aufgabenstellungen aus Sicht von *eX-treme Bike.*

70 Die Entscheidung für eine bestimmte Anlageform hängt von den individuellen Anlagezielen ab.

a Erläutern Sie die drei im „magischen Dreieck“ dargestellten Ziele der Geldanlage.

b Begründen Sie die Zuordnung der Anlageform „Termineinlagen“ im magischen Dreieck.

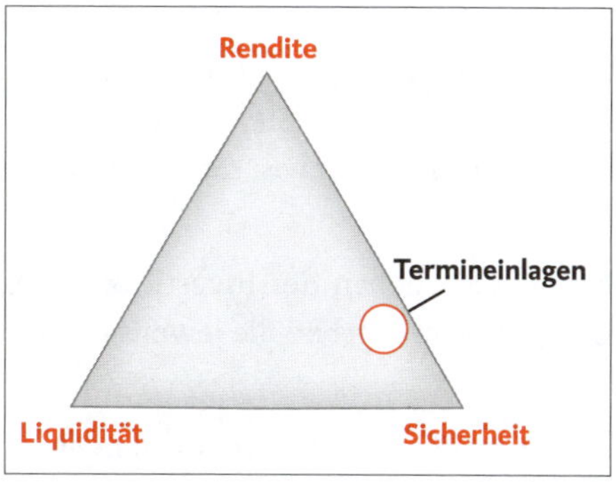

Magisches Dreieck

71 Übertragen Sie das „magische Dreieck“ auf Ihr Arbeitsblatt. Ordnen Sie die folgenden Anlageformen begründet in das Dreieck ein (wie Termineinlagen): *Aktien* • *Tagesgeld*

72 Erklären Sie, was man unter nachhaltigen Geldanlagen versteht, und nennen Sie zwei Beispiele für eine nachhaltige Geldanlage.

73 Erklären Sie, was Diversifizierung im Zusammenhang mit Geldanlagen bedeutet.

74 *eX-treme Bike* hat einen Teil des Unternehmensgewinns, 22.400,00 €, vor sechs Monaten in Termineinlagen angelegt. Zum Ende der Laufzeit beträgt das Guthaben 22.495,20 €.

a Berechnen Sie den Zinssatz, zu dem die Termineinlage angelegt wurde.

b Bilden Sie den Buchungssatz für die Gutschrift der Zinsen auf dem Geschäftskonto.

75 *eX-treme Bike* kauft 250 Aktien des Ökostrom-Anbieters *Wind-Systems* zum Stückkurs von 53,20 €.

a Berechnen Sie die Banklastschrift und bilden Sie den Buchungssatz (Spesen 1 % vom Kurswert).

b „Wind-Systems“ schüttet eine Stückdividende von 1,24 € aus. Bilden Sie den Buchungssatz für die Bankgutschrift.

c *eX-treme Bike* benötigt flüssige Mittel und verkauft alle Aktien von *Wind-Systems* zum Kurs von 51,40 €. Erstellen Sie die Verkaufsabrechnung (Spesen 1 % vom Kurswert) und bilden Sie den Buchungssatz für die Bankgutschrift.

76 Der Deutsche Aktienindex bildet die Entwicklung von nur 40 Aktiengesellschaften ab. Erklären Sie, warum der DAX 40 trotzdem wichtige Hinweise für die Entwicklung der gesamten deutschen Wirtschaft gibt.

77 Nennen Sie neben der Investition in Aktien zwei weitere Möglichkeiten der Geldanlage und geben Sie jeweils einen Vorteil und einen Nachteil an.

78 *eX-treme Bike* hat Büroräume an ein anderes Unternehmen vermietet. Die Miete in Höhe von 1.700,00 € netto geht auf dem Geschäftskonto ein.
Bilden Sie den Buchungssatz.

14 Ausfall und Bewertung von Forderungen

14.1 Kategorien zur Bewertung von Forderungen

Einwandfreie Forderungen	
Zahlungseingang vorhersehbar, die Forderung ist einwandfrei (Regelfall)	
Zweifelhafte Forderungen	**Uneinbringliche Forderungen**
Zahlungseingang unsicher, die Forderung ist dubios. Hinweise auf Zahlungsschwierigkeiten: • keine Zahlung trotz Mahnung • Insolvenzverfahren • Berichte anderer über ausstehende Zahlungen	Ausfall der Forderung steht fest, die Forderung ist uneinbringlich. Mögliche Hinweise: • eingestelltes Insolvenzverfahren mangels Masse • erfolglose Zwangsvollstreckung • Absetzen ins Ausland

Insolvenzverfahren bei Zahlungsunfähigkeit oder Überschuldung

Das insolvente Unternehmen oder ein Gläubiger stellt einen Insolvenzantrag vor dem Insolvenzgericht. Bei Ablehnung des Antrags **mangels Masse** wird das Unternehmen aufgelöst. Kommt es zum Insolvenzverfahren, können die Gläubiger innerhalb einer Frist ihre Ansprüche geltend machen. Eine Gläubigerversammlung entscheidet, ob das Unternehmen liquidiert (aufgelöst) wird oder ob es mithilfe eines Insolvenzplans fortgeführt wird.

14.2 Buchungen bei zweifelhaften Forderungen

Beispiel *eX-treme Bike* verkauft an den Neukunden *Center-Sport* 20 Crossräder für insgesamt 26.500,00 € netto auf Ziel.

2400 FO	31.535,00 €	an	5000 UEFE	26.500,00 €
			4800 UST	5.035,00 €

- **Fall 1:** Ausgleich der einwandfreien Forderung:
  Center-Sport bezahlt innerhalb des Zahlungsziels per Überweisung.

2800 BK		an	2400 FO	31.535,00 €

- **Fall 2:** Die Forderung wird zweifelhaft:
  Aus der Zeitung erfährt *eX-treme Bike*, dass über das Vermögen von *Center-Sport* ein Insolvenzverfahren eröffnet wurde.

2470 ZWFO		an	2400 FO	31.535,00 €

Alternative 1: Die zweifelhafte Forderung wird uneinbringlich:
Das Insolvenzverfahren wurde mangels Masse eingestellt.

6950 ABFO	26.500,00 €			
4800 UST	5.035,00 €	an	2470 ZWFO	31.535,00 €

Ggf. Zahlungseingang der bereits abgeschriebenen Forderung:
Überraschenderweise begleicht *Center-Sport* den Rechnungsbetrag.

2800 BK	31.535,00 €	an	5495 EFO	26.500,00 €
			4800 UST	5.035,00 €

Alternative 2: Die zweifelhafte Forderung wird teilweise uneinbringlich:
Der Insolvenzverwalter teilt mit, dass die Insolvenzquote 30 % beträgt (= 30 % der Forderungen gehen ein). Der Betrag geht auf dem Geschäftskonto ein. (Schema angeben!)

Forderungen brutto	31.535,00 €	→ ZWFO
– Zahlungseingang	9.460,50 €	→ BK
= Ausfall brutto	22.074,50 €	
– UST	3.524,50 €	→ UST
= Ausfall netto	18.550,00 €	→ ABFO

2800 BK	9.460,50 €			
6950 ABFO	18.550,00 €			
4800 UST	3.524,50 €	an	2470 ZWFO	31.535,00 €

- **Fall 3:** Abschreibung der einwandfreien Forderung:
  eX-treme Bike erfährt, dass sich der Kunde *Center-Sport* ins Ausland abgesetzt hat.

6950 ABFO	26.500,00 €			
4800 UST	5.035,00 €	an	2400 FO	31.535,00 €

14.3 Einzelwertberichtigung (EWB)

Jede zweifelhafte (dubiose) Forderung wird am Jahresende geprüft und der **geschätzte Nettoausfall aller zweifelhaften FO** abgeschrieben.

Beispiel **31.12.:** Übersicht aus dem Geschäftsfreundebuch (Debitoren)

Kunde	ZWFO brutto	anteilige UST	ZWFO netto	geschätzter Netto-Ausfall	geschätzter Ausfall
Center-Sport	31.535,00 €	5.035,00 €	26.500,00 €	80,00 %	21.200,00 €
Top Shop	8.330,00 €	1.330,00 €	7.000,00 €	50,00 %	3.500,00 €
	39.865,00 €			geschätzte Ausfälle GJ 01 gesamt:	**24.700,00** €

Buchung

6950 ABFO		an	3670 EWB	24.700,00 €

MERKE
Während des Geschäftsjahres bleibt das Konto EWB unberührt.

14.4 Pauschalwertberichtigung (PWB)

Auch einwandfreie Forderungen unterliegen einem Ausfallrisiko. Da man nicht weiß, welcher Kunde nicht bezahlen wird, werden einwandfreie Forderungen pauschal (= im Ganzen) bewertet. Gerechnet wird i. d. R. mit einem Ausfall von 1 %.

Beispiel Die einwandfreien Forderungen von *eX-treme Bike* zum Ende des GJ betragen 386.512,00 €.

Einwandfreie FO am 31.12.01	386.512,00 €
– UST	61.712,00 €
Nettowert	324.800,00 €
davon 1 %	**3.248,00 €**

- Buchung am 31.12.01

6950 ABFO		an	3680 PWB	3.248,00 €

- Abschlussbuchung für das Konto PWB (Passivkonto)

3680 PWB		an	8010 SBK	3.248,00 €

MERKE
Während des Geschäftsjahres bleibt das Konto PWB unberührt.

14.5 Zahlungsverzug des Kunden

Gerät ein Kunde in Zahlungsverzug, kann der Gläubiger Verzugszinsen und Mahngebühren verlangen.

Beispiel *eX-treme Bike* stellt einem Kunden 5,70 € Verzugszinsen sowie 10,00 € Mahngebühren in Rechnung.

2400 FO	15,70 €	an	5710 ZE	5,70 €
			5430 ASBE	10,00 €

Übersicht

<table>
<tr><th></th><th>Einwandfreie FO</th><th>Zweifelhafte (dubiose) FO</th><th>Uneinbringliche FO</th></tr>
<tr><td>Buchungen bei Bekanntwerden des Problems</td><td></td><td>2470 ZWFO an 2400 FO

Einwandfreie FO wird zweifelhaft; keine UST-Korrektur, da der Ausfall nicht sicher ist</td><td>6950 ABFO
4800 UST an 2400 FO
(oder 2470 ZWFO)

Sofortige Abschreibung; UST-Korrektur, da für unbezahlte FO keine UST abzuführen ist</td></tr>
<tr><td>Bewertung am Bilanzstichtag</td><td>Pauschalwertberichtigung auf den Nettobestand der einwandfreien FO (i. d. R. 1 % vom Forderungsbestand)</td><td>Einzelwertberichtigung für jede einzelne ZWFO (Nettobestand)</td><td>keine Bewertung</td></tr>
<tr><td rowspan="2">Vorbereitende Abschlussbuchung am 31.12.01</td><td>Bildung der Pauschalwertberichtigung
6950 ABFO an 3680 PWB
indirekte Abschreibung</td><td>Bildung der Einzelwertberichtigung
6950 ABFO an 3670 EWB
indirekte Abschreibung</td><td rowspan="2">keine Buchung
Forderungen sind bereits abgeschrieben
(s. Buchung oben)</td></tr>
<tr><td colspan="2">S Schlussbilanzkonto H
… | …
2400 FO | 3680 PWB
2470 ZWFO | 3670 EWB

Den einwandfreien und zweifelhaften FO steht in der Bilanz jeweils der geschätzte Ausfall gegenüber. PWB und EWB bleiben während des folgenden Geschäftsjahres unberührt.</td></tr>
<tr><td>Die Forderungen können voll oder teilweise ausfallen bzw. vollständig bezahlt werden.</td><td>Pauschalwertberichtigte FO werden bei Ausfall direkt abgeschrieben.
FO fällt vollständig aus:
6950 ABFO
4800 UST an 2400 FO
FO fällt teilweise aus:
2800 BK
6950 ABFO
4800 UST an 2400 FO
FO wird vollständig bezahlt (Normalfall):
2800 BK an 2400 FO</td><td>Einzelwertberichtigte ZWFO werden bei Ausfall direkt abgeschrieben.
ZWFO fällt vollständig aus:
6950 ABFO
4800 UST an 2470 ZWFO
ZWFO fällt teilweise aus:
2800 BK
6950 ABFO
4800 UST an 2470 ZWFO
ZWFO wird vollständig bezahlt:
2800 BK an 470 ZWFO</td><td>Zahlungseingang bei einer vollständig abgeschriebenen Forderung

2800 BK an 5495 EFO
4800 UST
UST ist neu zu buchen, da der ursprüngliche Umsatz erneut entsteht.</td></tr>
</table>

Aufgaben

Bearbeiten Sie folgende Aufgabenstellungen aus Sicht von *eX-treme Bike*.

79 Geben Sie jeweils an, ob die Aussage richtig oder falsch ist. Verbessern Sie falsche Aussagen.

- **a** Die Eröffnung eines Insolvenzverfahrens bedeutet, dass das betroffene Unternehmen aufgelöst (liquidiert) wird.
- **b** Wird gegen einen Kunden ein Insolvenzverfahren eröffnet, werden bestehende Forderungen uneinbringlich.
- **c** Wird eine einwandfreie Forderung zweifelhalt, wird die Umsatzsteuer nicht korrigiert.
- **d** Einwandfreie Forderungen werden pauschal, also „im Ganzen", bewertet.
- **e** Der geschätzte Ausfall bei den zweifelhaften Forderungen wird zum Bruttowert abgeschrieben.

80 Schildern Sie zwei Entwicklungen bei einem Schuldner, die dazu führen, dass einwandfreien Forderungen in zweifelhafte Forderungen umgewandelt werden müssen.

81 Bilden Sie die Buchungssätze zu folgenden Geschäftsfällen:

- **a** *eX-treme Bike* verkauft 20 Citybikes zum Listenpreis von je 1.400,00 € pro Stück an einen Fahrrad-Onlineshop gegen Rechnung.
- **b** *eX-treme Bike* erfährt, dass gegen den Onlineshop ein Insolvenzverfahren beantragt wurde.
- **c** Der Insolvenzverwalter des Onlineshops teilt mit, dass die Insolvenzquote 30 % beträgt. Der Betrag ist bereits auf dem Geschäftskonto eingegangen.

82 Bilden Sie die Buchungssätze zu folgenden Geschäftsfällen:

- **a** Ausgangsrechnung an *RadlStadl*, Rechnungsbetrag 14.280,00 €
- **b** *RadlStadl* bezahlt innerhalb des Zahlungsziels per Banküberweisung.

83 *eX-treme Bike* erfährt, dass sich der Eigentümer des Unternehmens *Fahr-Rad* ins Ausland abgesetzt hat. Die bisher einwandfreie Forderung gegenüber dem Kunden beträgt 6.298,67 €.

- **a** Bilden Sie den Buchungssatz.
- **b** Überraschenderweise geht die abgeschriebene Forderung gegenüber *Fahr-Rad* vollständig auf dem Geschäftskonto ein. Bilden Sie den Buchungssatz.

84 Ein Kunde hat die fällige Rechnung noch nicht bezahlt. *eX-treme Bike* stellt 24,78 € Verzugszinsen sowie 15,00 € Mahngebühren in Rechnung.
Buchen Sie.

85 Unterscheiden Sie die Begriffe „Einzelwertberichtigung" und „Pauschalwertberichtigung".

86 Am 31.12. liegt Ihnen folgende Übersicht aus dem Geschäftsfreundebuch vor:

Kunde	ZWFO brutto (€)	ZWFO netto (€)	Geschätzter Ausfall (%)	Geschätzter Ausfall (€)
…	…	…	…	…
BikePro			70	8.750,00
Rad-Spaß	8.044,40	6.760,00		3.042,00
Geschätzte Ausfälle gesamt				**24.820,00**

a Berechnen Sie die drei fehlenden Werte in der Tabelle.

b Bilden Sie den Buchungssatz für die Wertberichtigung am 31. Dezember.

c Der Bestand an einwandfreien Forderungen beträgt am 31. Dezember 285.600,00 €.
Bilden Sie den erforderlichen Buchungssatz, wenn das allgemeine Ausfallrisiko (Pauschalwertberichtigung) mit 1 % angesetzt wird.

15 Periodenrichtige Erfolgsermittlung

15.1 Unterscheidung wichtiger Begriffe

Ausgaben	Einnahmen
… bezeichnen die **Geldabflüsse** eines Unternehmens, z. B. beim Barkauf eines Lkws. Hier sind nur **Bestandskonten** betroffen (Kontoklasse 0–4), durch Ausgaben **verändert sich der Unternehmenserfolg nicht**.	… sind die **Geldzuflüsse** eines Unternehmens, z. B. durch den Verkauf von Maschinen per Banküberweisung. Auch hier sind ausschließlich Bestandskonten betroffen, die Einnahme ist **nicht erfolgswirksam**.
Aufwendungen	**Erträge**
… bezeichnen den **Werteverzehr** eines Unternehmens. Der Zielkauf von Rohstoffen stellt einen Aufwand dar, der den Erfolg des Unternehmens mindert.	… sind **Wertzuwächse**, die den Unternehmenserfolg erhöhen. Der Zielverkauf von Fertigerzeugnissen stellt einen Ertrag dar, der den Unternehmenserfolg erhöht.

→ Ausgaben und Einnahmen bezeichnen Zahlungsvorgänge und sind Begriffe der Geldrechnung.
→ Aufwendungen und Erträge beeinflussen den Unternehmenserfolg und sind Begriffe der Erfolgsrechnung.

15.2 Aktive und passive Rechnungsabgrenzung

Im Unternehmen gibt es regelmäßig Vorgänge, die sowohl das aktuelle als auch das folgende Geschäftsjahr betreffen.

Im Jahresabschluss soll der Erfolg des **aktuellen Geschäftsjahres** dargestellt werden. Das bedeutet, dass der Anteil der Aufwendungen und Erträge, der das kommende Geschäftsjahr betrifft, **abgegrenzt** werden muss. Hierzu werden die Konten für die aktive und passive Rechnungsabgrenzung **(ARA, PRA)** benötigt.

Der durch die periodengerechte Zuordnung ermittelte Unternehmenserfolg stellt die Grundlage für die **Besteuerung des Unternehmens** und für die **Preiskalkulation** im nächsten Geschäftsjahr dar.

Übersicht

altes Geschäftsjahr (GJ) — 31.12. — neues Geschäftsjahr

Am 31.12. werden alle Belege überprüft. Ist eine Zahlung erfolgt, die das alte und das neue Geschäftsjahr betrifft, stellt man die Frage: Handelt es sich um einen Aufwand (ARA) oder um einen Ertrag (PRA)?

Zahlung **im Voraus**

Aufwand → **ARA**	Ertrag → **PRA**
Die Zahlung (**Ausgabe**) ist im alten GJ erfolgt, der **Aufwand** fällt ganz oder teilweise ins neue GJ. Abgegrenzt wird der Nettobetrag!	Die Zahlung (**Einnahme**) ist im alten GJ erfolgt, der **Ertrag** fällt ganz oder teilweise ins neue GJ. Abgegrenzt wird der Nettobetrag!

MERKE

Es ist immer eine **Zeitgerade** zu erstellen (= Nebenrechnung).

Abgrenzungsbuchungen und Folgebuchungen

Aufwand → ARA (Aktive Rechnungsabgrenzung)

Beispiel Die Lagerhallenmiete für Dezember bis Februar über 3.570,00 € brutto wird im Voraus (01.12.) per Banküberweisung entrichtet.

01.12. — 31.12. — 28.02.

Dezember: 1.000,00 € netto | Januar, Februar: 2.000,00 € netto

- **Laufende Buchung am 01.12.01**

6700 AWMP	3.000,00 €			
2600 VORST	570,00 €	an	2800 BK	3.570,00 €

- **Vorabschlussbuchung am 31.12.01**

2900 ARA		an	6700 AWMP	2.000,00 €

(Aufwand für folgendes GJ wird ausgebucht.)

- **Abschlussbuchungen am 31.12.01**

8020 GUV		an	6700 AWMP	1.000,00 €
8010 SBK		an	2900 ARA	2.000,00 €

- **Umbuchung des Aufwands am 01.01.02**

6700 AWMP		an	2900 ARA	2.000,00 €
(Aufwand wird im GJ 02 eingebucht.)			(ARA wird aufgelöst.)	

Ertrag → PRA (Passive Rechnungsabgrenzung)

Beispiel Für November bis April nächsten Jahres erhält *eX-treme Bike* die Miete der Lagerhalle am 01.11. im Voraus überwiesen, 2.400,00 € netto.

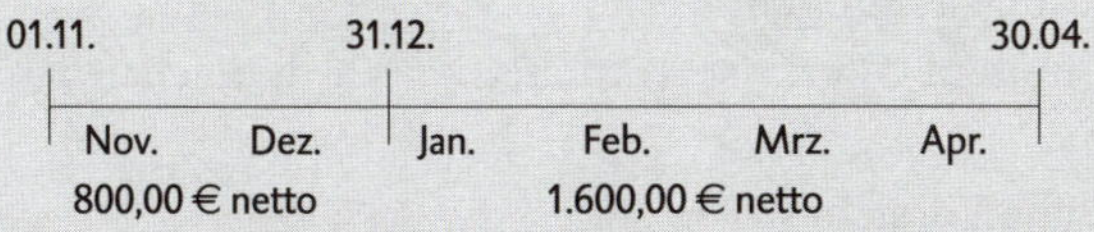

- **Laufende Buchung am 01.11.01**

2800 BK	2.856,00 €	an	5400 EMP	2.400,00 €
			4800 UST	456,00 €

- **Vorabschlussbuchung am 31.12.01**

5400 EMP		an	4900 PRA	1.600,00 €
(Mieterträge für folgendes GJ werden ausgebucht.)				

- **Abschlussbuchungen am 31.12.01**

5400 EMP		an	8020 GUV	800,00 €
4900 PRA		an	8010 SBK	1.600,00 €

- **Umbuchung des Ertrags am 01.01.02**

4900 PRA		an	5400 EMP	1.600,00 €
(PRA wird aufgelöst.)			(Ertrag wird im GJ 02 wieder eingebucht.)	

15.3 Rückstellungen

Rückstellungen stellen eine besondere Form der periodenrichtigen Erfolgsermittlung dar. Sie werden am 31.12. für **Aufwendungen** gebildet, **die dem alten Geschäftsjahr zuzurechnen** sind, bei denen aber die **Höhe der Schuld** (nur Schätzung) und die **Fälligkeit noch nicht feststehen** (↔ bei Verbindlichkeiten stehen der Betrag und der Tag der Fälligkeit fest).

Gründe für die Bildung von Rückstellungen:

- *steuerlich:* Aufwand muss in dem GJ erfasst werden, in das er wirtschaftlich gehört.
- *wirtschaftlich:* kaufmännische Vorsicht

Eine Rückstellung bewirkt die **Erhöhung der Aufwendungen**. Dadurch wird der Gewinn vermindert und die Steuerlast gesenkt.
Rückstellungen (Kostenvoranschlag liegt am 31.12. vor) werden z. B. gebildet für:

- Aufwendungen für laufende Prozesse
- Aufwendungen für unterlassene Reparaturen, die in den ersten drei Monaten des folgenden Geschäftsjahres nachgeholt werden

MERKE

Rückstellungen werden nur für **Nettobeträge** gebildet. Die Umsatzsteuer wird erst bei Zahlung im neuen GJ gebucht (falls der Aufwand umsatzsteuerpflichtig ist).

Beispiel **Bildung der Rückstellung am 31.12.**
Für die Reparatur einer Maschine, die im Januar erfolgen soll, rechnet *eX-treme Bike* mit Kosten von ca. 1.500,00 € netto.

6160 FRI		an	3900 RST	1.500,00 €

Eingang der Rechnung im neuen GJ

- **Fall 1:** Die Rechnung für die Reparatur der Maschine geht Ende Januar ein. Die Kosten betragen 1.500,00 € netto.

Rückstellung	1.500,00 €
– tatsächlicher Aufwand	1.500,00 €
Schätzung war richtig	0,00 €

3900 RST	1.500,00 €			
2600 VORST	285,00 €	an	4400 VE	1.785,00 €

- **Fall 2:** Die Kosten betragen 2.000,00 € netto, Banküberweisung.

Rückstellung	1.500,00 €
– tatsächlicher Aufwand	2.000,00 €
zusätzlicher Aufwand (periodenfremd)	–500,00 €

3900 RST	1.500,00 €			
6990 PFAW	500,00 €			
2600 VORST	380,00 €	an	2800 BK	2.380,00 €

- **Fall 3:** Die Kosten betragen 1.400,00 € netto, Banküberweisung.

Rückstellung	1.500,00 €
– tatsächlicher Aufwand	1.400,00 €
periodenfremder Ertrag	+ 100,00 €

3900 RST	1.500,00 €			
2600 VORST	266,00 €	an	2800 BK	1.666,00 €
			5490 PFE	100,00 €

- **Fall 4:** Es fallen keine Kosten an.

Rückstellung	1.500,00 €
– tatsächlicher Aufwand	0,00 €
periodenfremder Ertrag	+ 1.500,00 €

3900 RST		an	5490 PFE	1.500,00 €

Aufgaben

Bearbeiten Sie folgende Aufgabenstellungen aus Sicht von *eX-treme Bike.*

87 Unterscheiden Sie die Begriffspaare „Einnahmen und Ausgaben“ sowie „Erträge und Aufwendungen“.

88 Begründen Sie, weshalb es erforderlich ist, zum Geschäftsjahresende Abgrenzungsbuchungen vorzunehmen.

89 *Hinweis:* Erstellen Sie für die folgenden drei Aufgaben jeweils eine Zeitgerade.

a *eX-treme Bike* bezahlt die Miete für die Produktionshalle am 01. Dezember für drei Monate im Voraus per Banküberweisung, netto 6.900,00 €.
Bilden Sie die Buchungssätze:
- für die Banküberweisung am 01.12.
- die Vorabschlussbuchung zum 31.12.
- die Umbuchung zum 01.01.

b Eine Etage des Verwaltungsgebäudes hat *eX-treme Bike* an ein anderes Unternehmen vermietet. Der Mieter überweist am 01.11. die Miete für November bis Januar, 9.996,00 € brutto.
Bilden Sie die Buchungssätze:
- für die Banküberweisung am 01.11.
- die Vorabschlussbuchung zum 31.12.
- die Umbuchung zum 01.01.

c Die Gebäudeversicherung wird Anfang April für ein Jahr im Voraus überwiesen, 1.240,00 €.
Bilden Sie die Buchungssätze:
- für die Banküberweisung am 01.04.
- die Vorabschlussbuchung zum 31.12.
- die Umbuchung zum 01.01.

90 Erläutern Sie, für welche Vorgänge Rückstellungen zu bilden sind.

91 Übertragen Sie die Zeitleiste auf Ihr Arbeitsblatt. Ordnen Sie die folgenden Vorgänge in der richtigen Reihenfolge den Abschnitten der Zeitleiste zu, in denen sie erfolgen.

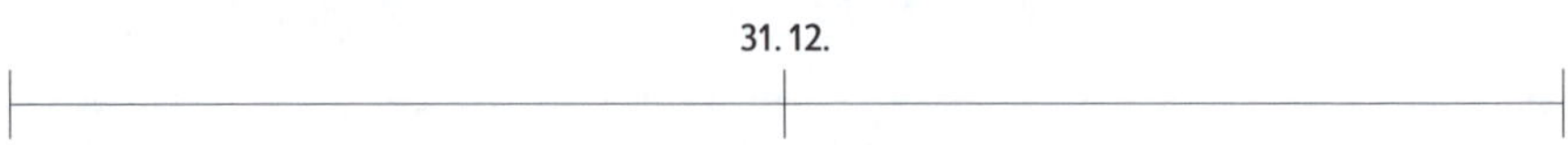

Bildung der Rückstellung • Kostenvoranschlag für die Dachreparatur geht ein • Auflösung der Rückstellung • Reparatur des Dachs • Sturmschaden am Dach der Werkshalle • Rechnungseingang

92 Für die Reparatur des Daches der Fertigungshalle im Januar des folgenden Jahres liegt ein Kostenvoranschlag vor. Die Kosten werden etwa 24.500,00 € netto betragen.

- a Bilden Sie den Buchungssatz.
- b **Variante 1:** Im Februar des folgenden Geschäftsjahres geht die Rechnung des Dachdeckers über 26.700,00 € netto ein. Buchen Sie.
- c **Variante 2:** Die Rechnung des Dachdeckers im kommenden Geschäftsjahr beläuft sich auf 21.400,00 € netto. Buchen Sie.

93 Der Rechtsanwalt teilt am 31.12. mit, dass für einen schwebenden Gewährleistungsprozess im kommenden Geschäftsjahr mit Kosten in Höhe von 22.000,00 € netto zu rechnen ist.

- a Bilden Sie den Buchungssatz.
- b Im folgenden Geschäftsjahr ergeht das Urteil im Gewährleistungsprozess. Der Prozess wird gewonnen, es fallen keine Kosten an.

94 Das Konto 6770 RBK weist folgende Eintragungen aus:

S	6770 RBK	H
a VE	4.350,00	
b RST	5.400,00	

Formulieren Sie mögliche Geschäftsfälle zu den beiden Einträgen.

16 Unternehmensanalyse

Auf Basis von Bilanz und GUV-Rechnung werden **Kennzahlen** berechnet, die Auskunft über die **wirtschaftliche Situation** des Unternehmens geben. Sie sind **Entscheidungshilfen** für den Unternehmer. Sie ermöglichen einen …

- **Zeitvergleich** (innerbetrieblicher/interner Vergleich): Wie entwickelt sich das eigene Unternehmen über mehrere Jahre hinweg?
- **Betriebsvergleich** (zwischenbetrieblicher/externer Vergleich): Wie steht das Unternehmen im Vergleich zu anderen Unternehmen der Branche da?

16.1 Bilanzaufbereitung

Vor der Berechnung der Kennzahlen wird die Bilanz aufbereitet. Zusammengehörende Positionen werden zusammengefasst.

AKTIVA	Bilanz 31.12.20..		PASSIVA
AV		**EK**	1.114.300,00
Sachanlagen	2.125.000,00	**FK**	
UV		langfristig	865.000,00
Vorräte	137.000,00	kurzfristig	498.000,00
Forderungen	150.324,00		
flüssige Mittel	64.976,00		
	2.477.300,00		2.477.300,00

16.2 Kennzahlen der Unternehmensanalyse

Neben der Kennzahl der Eigenkapitalquote (siehe Kap. 12.1) geben folgende Kennzahlen wichtige Hinweise zur Situation des Unternehmens.

Liquidität

Kennzahlen zur Liquidität ermöglichen eine Einschätzung der Zahlungsfähigkeit eines Unternehmens.

- **Barliquidität (Liquidität 1. Grades)**
  zeigt an, ob das Unternehmen den kurzfristigen Zahlungsverpflichtungen unmittelbar nachkommen kann

  $$\text{Barliquidität} = \frac{\text{flüssige Mittel} \cdot 100}{\text{kurzfristige Verbindlichkeiten}}$$

  Zielvorgabe: > 20 %

- **Einzugsliquidität (Liquidität 2. Grades)**
  gibt an, ob die liquiden Mittel und Forderungen ausreichen, um alle kurzfristigen Verbindlichkeiten bezahlen zu können

  $$\text{Einzugsliquidität (EL)} = \frac{(\text{flüssige Mittel} + \text{Forderungen}) \cdot 100}{\text{kurzfristiges Fremdkapital}}$$

  EL = 100 % → optimal, Zahlungsverpflichtungen jederzeit erfüllbar
  EL > 100 % → sehr hoch, flüssige Mittel ggf. nicht rentabel angelegt
  EL < 100 % → niedrig, Zahlungsverpflichtungen evtl. nicht erfüllbar
  Durchschnitt der Einzugsliquidität in Deutschland: ca. 80 %
  Maßnahmen zur Verbesserung der Liquidität: Zahlungsziel verkürzen, Mahnverfahren beschleunigen, kurzfristiges FK in langfristiges FK umwandeln, Lagerbestände von Fertigerzeugnissen abbauen

Anlagendeckung

- **Anlagendeckung I**
  zeigt an, welcher Anteil des Anlagevermögens durch Eigenkapital finanziert ist

  $$\text{Anlagendeckung I} = \frac{\text{Eigenkapital} \cdot 100}{\text{Anlagevermögen}}$$

  Zielvorgabe: 60 – 100 %

- **Anlagendeckung II**
  zeigt an, inwieweit das Anlagevermögen durch langfristig zur Verfügung stehendes Kapital (EK + langfristiges FK) gedeckt ist

  $$\text{Anlagendeckung II} = \frac{(\text{EK} + \text{langfristiges FK}) \cdot 100}{\text{Anlagevermögen}}$$

  Zielvorgabe: mindestens 100 %

Rentabilität

- **Eigenkapitalrentabilität (EK-Rendite)**
  Die Kennzahl zeigt, wie hoch sich das Eigenkapital verzinst hat.

  $$\text{Eigenkapitalrentabilität} = \frac{\text{Gewinn} \cdot 100}{\text{Eigenkapital } \textbf{(am Jahresanfang)}}$$

  Die EK-Rentabilität muss in jedem Fall höher sein als die übliche Kapitalmarktverzinsung (Umlaufrendite festverzinslicher Wertpapiere). Außerdem müssen Unternehmerlohn und Unternehmerrisiko abgedeckt sein. **Zielvorgabe:** EK-Rentabilität > 10 %

Aufgaben

Bearbeiten Sie folgende Aufgabenstellungen aus Sicht von *eX-treme Bike*.

95 Die Bilanzanalyse ermöglicht sowohl einen innerbetrieblichen als auch einen zwischenbetrieblichen Vergleich.
Unterscheiden Sie den innerbetrieblichen und zwischenbetrieblichen Vergleich.

96 Ihnen liegt folgende aufbereitete Bilanz von *eX-treme Bike* vor:

AKTIVA	Bilanz 31.12.20..		PASSIVA
AV		**EK**	1.470.600,00
Sachanlagen	2.112.000,00	**FK**	
UV		langfristig	1.240.200,00
Vorräte	751.400,00	kurzfristig	1.055.900,00
Forderungen	642.700,00		
flüssige Mittel	260.600,00		
	3.766.700,00		3.766.700,00

a Nennen Sie drei Bilanzpositionen, die unter Forderungen zusammengefasst sind.

b Erläutern Sie, was die Liquiditätskennzahlen Barliquidität und Einzugsliquidität aussagen.

c Berechnen und bewerten Sie anhand der Werte aus der obigen Bilanz die Kennzahlen der Barliquidität und Einzugsliquidität.

d Erklären Sie, welche Aussagen mithilfe der Kennzahlen der Anlagendeckung getroffen werden können.

e Berechnen und bewerten Sie die Kennzahl der Anlagendeckung I.

f Berechnen und bewerten Sie die Kennzahl der Anlagendeckung II.

g Zusätzlich zur obigen Schlussbilanz sind noch folgende Werte bekannt:

Privatentnahmen	Privateinlagen	Jahresüberschuss
83.900,00 €	25.200,00 €	107.500,00 €

Berechnen und beurteilen Sie die Kennzahl der Eigenkapitalrentabilität.

17 Geschäfts- und Betriebsbuchführung

Die GUV-Rechnung eines Unternehmens enthält auch Positionen, die „betriebsfremd“ sind, also nichts mit dem eigentlichen Unternehmenszweck zu tun haben. In der Kosten- und Leistungsrechnung werden die neutralen Aufwendungen und Erträge herausgefiltert und Korrekturen vorgenommen, um das tatsächliche Betriebsergebnis zu ermitteln. Das Betriebsergebnis zeigt den Gewinn/Verlust auf, der durch den eigentlichen Betriebszweck erwirtschaftet wurde (bei *eX-treme Bike* das Produzieren und Verkaufen von Fahrrädern). Auf Basis der Kosten- und Leistungsrechnung werden die Verkaufspreise ermittelt.

17.1 Begriffsabgrenzungen

Aufwendungen	
Kosten	**neutrale Aufwendungen**
• **betriebsbezogen** z. B. Verbrauch von Rohstoffen (Konto 6000 AWR) • **kalkulatorisch** (siehe S. 90) kalkulatorische Abschreibungen (Anderskosten) und kalkulatorischer Unternehmerlohn (Zusatzkosten)	• **betriebsfremd** haben nichts mit Betriebszweck zu tun, z. B. Verluste beim Verkauf von Aktien • **periodenfremd** Grund für Entstehung liegt in der Vorperiode, z. B. Steuernachzahlung aus dem Vorjahr • **außerordentlich** ungewöhnliche oder seltene Aufwendungen, z. B. Verluste beim Verkauf eines Betriebsgebäudes
Erträge	
Leistungen	**neutrale Erträge**
• **betriebsbezogen** Erträge, die mit dem Betriebszweck zusammenhängen, z. B. Verkauf von Mountainbikes (Konto 5000 UEFE)	• **betriebsfremd** haben nichts mit Betriebszweck zu tun, z. B. Zinserträge • **periodenfremd** Grund für Entstehung liegt in der Vorperiode, z. B. Steuerrückerstattung aus dem Vorjahr • **außerordentlich** ungewöhnliche oder seltene Erträge, z. B. Erträge beim Verkauf eines Geschäftsgebäudes

Kalkulatorische Kosten	
kalkulatorische Abschreibung/ Anderskosten	**kalkulatorischer Unternehmerlohn/ Zusatzkosten**
Die bilanzmäßige Abschreibung (Rechnungskreis I, vgl. S. 49 ff.) erfolgt meist nach **steuerlichen Gesichtspunkten**: → Hohe Abschreibungen vermindern den Gewinn und damit die Steuerlast. Die Kosten- und Leistungsrechnung (KLR, Rechnungskreis II) dient der **Berechnung der Verkaufspreise**. Hier wird linear abgeschrieben, Grundlage sind die **Wiederbeschaffungskosten**. Da in der KLR für Abschreibungen andere Werte als in der Geschäftsbuchführung angesetzt werden, heißen **kalkulatorische Abschreibungen** auch **Anderskosten**.	Arbeitet ein Unternehmer im eigenen Unternehmen mit, wird bei der Preiskalkulation ein angemessener **Unternehmerlohn** miteinberechnet. Dem **kalkulatorischen Unternehmerlohn** aus der Kosten- und Leistungsrechnung (Rechnungskreis II) steht in der Geschäftsbuchführung (Rechnungskreis I) kein Wert gegenüber, deshalb nennt man diese Kosten auch **Zusatzkosten**.

17.2 Unterscheidung von zwei Rechnungskreisen

Geschäftsbuchführung und Kosten- und Leistungsrechnung werden in **zwei Rechnungskreisen** dargestellt. Die Abgrenzungsrechnung dient dabei als Puffer, gleicht also unterschiedliche Bewertungen zwischen der Geschäftsbuchführung und der KLR aus.

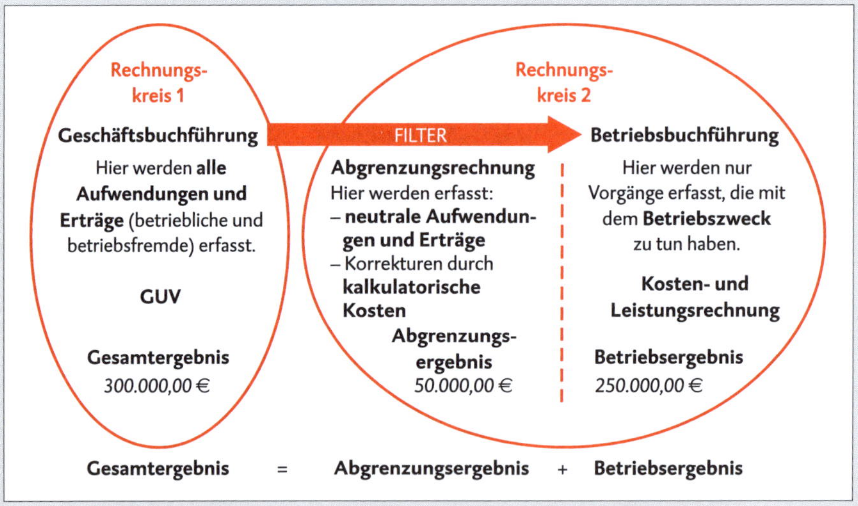

→ *eX-treme Bike* hat laut **GUV** einen **Gewinn von 300.000,00 €** erzielt. Gemäß **Betriebsergebnis** hat das **Kerngeschäft 250.000,00 €** beigetragen.

Aufgaben

Bearbeiten Sie folgende Aufgabenstellungen aus Sicht von *eX-treme Bike*.

97 Unterscheiden Sie die Begriffe „Geschäftsbuchführung“ und „Betriebsbuchführung“.

98 Grenzen Sie die Begriffe „Aufwendungen“, „Kosten“ und „neutrale Aufwendungen“ voneinander ab.

99 Grenzen Sie die Begriffe „Erträge“, „Leistungen“ und „neutrale Erträge“ voneinander ab.

100 Erläutern Sie, was man unter *kalkulatorischen Abschreibungen* versteht.

101 Übernehmen Sie folgende Tabelle in Ihr Arbeitsblatt.

Rechnungskreis I	Rechnungskreis II

Ordnen Sie nun die folgenden Begriffe den beiden Rechnungskreisen zu.

Erfolgsrechnung • Leistungen • GUV • Kosten • Betriebsbuchführung • KLR • Erträge • Geschäftsbuchführung • Betriebsergebnis • Gesamtergebnis • Aufwendungen

102 Für das dritte Quartal liegen folgende Zahlen vor:

Aufwendungen (gesamt):	95.200,00 €	neutrale Aufwendungen:	15.800,00 €
Erträge (gesamt):	103.400,00 €	Leistungen	84.500,00 €

Berechnen Sie:
- die Höhe der Kosten
- die neutralen Erträge
- das Gesamtergebnis
- das Betriebsergebnis
- neutrale Ergebnis

18 Vollkostenrechnung bei Einzelfertigung

Bei **Einzelfertigung** werden unterschiedliche Produkte je nach Kundenwunsch produziert. Die Vollkostenrechnung verrechnet hierbei **alle Kosten** auf die **Kostenträger** (Kostenträger ist jedes Fertigerzeugnis). Sie ist Grundlage für die Preiskalkulation und liefert wichtige Informationen für unternehmerische Entscheidungen.

Die **drei Teilbereiche der Vollkostenrechnung** sind die **Kostenarten**rechnung, die **Kostenstellen**rechnung und die **Kostenträger**rechnung.

18.1 Kostenartenrechnung (Welche Kosten sind angefallen?)

Einzelkosten	Sondereinzelkosten	Gemeinkosten
z. B. Rohstoffe, Fremdbauteile, Fertigungslöhne	fallen nur selten an, z. B. Modell eines Produktes, Lizenzgebühren, Spezialwerkzeug, Konstruktionspläne	z. B. Miete, Kommunikation, betriebliche Steuern, Abschreibungen, Betriebsstoffe Hilfslöhne, Sozialabgaben
können den Kostenträgern (Fertigerzeugnissen) **direkt** zugeordnet werden		können den Kostenträgern nur **indirekt** zugeordnet werden

18.2 Kostenstellenrechnung (Wo sind die Kosten entstanden?)

Kostenstellen = Orte der Kostenentstehung

Bei der Ermittlung der **Selbstkosten** für ein Fertigerzeugnis können die **Einzelkosten** (z. B. Fertigungsmaterial) und die **Sondereinzelkosten** (z. B. Spezialwerkzeuge) **problemlos dem Kostenträger zugeordnet** werden.
Eine **direkte Zuordnung der Gemeinkosten** (z. B. Mietkosten) auf den Kostenträger ist nicht möglich, deshalb werden die Gemeinkosten **verursa-**

chungsgerecht zunächst den Bereichen zugeordnet, in denen sie entstanden sind **(= Kostenstellen)**.
Nach den betrieblichen Grundfunktionen werden **vier Kostenstellen** gebildet:

I Material	II Fertigung	III Verwaltung	IV Vertrieb

Die Verteilung der Gemeinkosten erfolgt entweder …
- *direkt* mithilfe von Belegen (z. B. Lohnlisten) oder
- *indirekt* nach Verteilungsschlüsseln (Mengenschlüssel, Zeitschlüssel, Wertschlüssel).

Beispiel
- **Kostenverteilungsbogen**

Kosten-arten	Betrag EUR	Verteilungs-schlüssel	I Material	II Fertigung	III Verwaltung	IV Vertrieb
Heiz-kosten	2.700,00	Fläche in m^2	300 m^2	900 m^2	400 m^2	400 m^2
Gehälter	8.700,00	Gehaltsliste in €	500,00 €	800,00 €	6.100,00 €	1.300,00 €
Klima-anlage	7.304,00	Volumen in m^3	1.350 m^3	5.300 m^3	950 m^3	1.200 m^3

- **Betriebsabrechnungsbogen (BAB):** Verteilung der Gemeinkosten

Kosten-arten	Betrag EUR	Verteilungs-schlüssel	I Material	II Fertigung	III Verwaltung	IV Vertrieb
Heiz-kosten	2.700,00	Fläche in m^2	405,00 €	1.215,00 €	540,00 €	540,00 €
Gehälter	8.700,00	Gehaltsliste in €	500,00 €	800,00 €	6.100,00 €	1.300,00 €
Klima-anlage	7.304,00	Volumen in m^3	1.120,50 €	4.399,00 €	788,50 €	996,00 €
Summe Gemein-kosten			**MGK 2.025,50 €**	**FGK 6.414,00 €**	**VwGK 7.428,50 €**	**VtGK 2.836,00 €**

18.3 Kostenträgerrechnung (Wofür sind die Kosten entstanden?)

Kostenträgerzeitrechnung als Gesamtkalkulation

Bei der Kostenträgerzeitrechnung werden die Selbstkosten für **alle im Abrechnungszeitraum** umgesetzten Güter ermittelt.

Beispiel

Gesamtkalkulation	EUR	EUR	%	%
Fertigungsmaterial (FM)	108.000,00		100	
+ Materialgemeinkosten (MGK)	9.720,00		9	
= **Materialkosten**		**117.720,00**	109	
Fertigungslöhne (FL)	62.000,00			100
+ Fertigungsgemeinkosten (FGK)	35.960,00			58
+ Sondereinzelkosten der Fertigung	2.450,00			
= **Fertigungskosten**		**100.410,00**		
= **Herstellkosten der Erzeugung (HKdE)**		**218.130,00**		
– Mehrbestand		6.000,00		
+ Minderbestand		2.500,00		
= **Herstellkosten des Umsatzes (HKdU)**		**214.630,00**	100	
+ Verwaltungsgemeinkosten (VwGK)		16.741,14	7,80	13,15
+ Vertriebsgemeinkosten (VtGK)		11.482,71	5,35	
= **Selbstkosten des Umsatzes (SKdU)**		**242.853,85**		

Gemeinkostenzuschlagsätze

Die Gemeinkosten stehen in einem bestimmten Verhältnis zu den verursachten Einzelkosten. Dieses Verhältnis kann in einem Zuschlagsatz für jede Kostenstelle angegeben werden.

$$\text{Materialgemeinkostenzuschlagsatz (MGK \%)} = \frac{\text{MGK} \cdot 100}{\text{FM}}$$

$$\text{Fertigungsgemeinkostenzuschlagsatz (FGK \%)} = \frac{\text{FGK} \cdot 100}{\text{FL}}$$

Berücksichtigung von Bestandsveränderungen bei fertigen Erzeugnissen (FE) und unfertigen Erzeugnissen (UFE)

AB > SB	AB < SB
Ein Minderbestand bei UFE (von z. B. 2.500,00 €) bedeutet, dass zusätzlich zu den hergestellten Produkten Waren (im Wert von 2.500,00 €) aus dem Lager genommen und umgesetzt wurden.	Ein Mehrbestand im FE-Lager (von z. B. 6.000,00 €) bedeutet, dass weniger FE verkauft als hergestellt wurden.

Ermittlung der Herstellkosten der umgesetzten Erzeugnisse:

Herstellkosten der Erzeugung	218.130,00 €
– Mehrbestand	6.000,00 €
+ Minderbestand	2.500,00 €
= **Herstellkosten des Umsatzes (HKdU)**	214.630,00 €

Verwaltungs- und Vertriebsbereich

Die Kosten in den Kostenstellen Vertrieb und Verwaltung hängen von der Menge und damit von den Kosten der umgesetzten Erzeugnisse ab (HKdU).

→ Grundlage für die Berechnung der Gemeinkostenzuschlagsätze sind demnach die HKdU.

$$\text{Verwaltungsgemeinkostenzuschlagsatz (VwGK \%)} = \frac{\text{VwGK} \cdot 100}{\text{HKdU}}$$

$$\text{Vertriebsgemeinkostenzuschlagsatz (VtGK \%)} = \frac{\text{VtGK} \cdot 100}{\text{HKdU}}$$

MERKE

Da VwGK und VtGK die gleiche Zuschlagsgrundlage haben, können sie zu einem **gemeinsamen Prozentsatz** zusammengefasst werden.

Kostenträgerstückrechnung

(= Berechnung der Selbstkosten für **einen Kostenträger**)
Hier sind bei der Kalkulation **keine Bestandsveränderungen** zu berücksichtigen, die **HKdU** sind nicht relevant.

Beispiel

Kostenträgerstückrechnung	EUR	EUR	%	%
FM	230,00		100	
+ MGK	20,70		9	
= MK		250,70	109	
FL	165,00			100
+ FGK	95,70			58
+ SEKF	4,52			
= FK		265,22		
= **Herstellkosten (HK)**		**515,92**	100	
+ VwGK		40,24	7,80	13,15
+ VtGK		27,60	5,35	
= **Selbstkosten (SK)**		**583,76**		

Aufgaben

Bearbeiten Sie folgende Aufgabenstellungen aus Sicht von *eX-treme Bike*.

103 Unterscheiden Sie die drei Kostenarten der Vollkostenrechnung und nennen Sie jeweils zwei Beispiele.

104 Erläutern Sie die Funktion des Betriebsabrechnungsbogens.

105 Nennen Sie mögliche Verteilungsschlüssel für die Verteilung der folgenden Gemeinkosten auf die Kostenstellen:
Miete • *Strom* • *Hilfslöhne*

106 Für die Produktion eines Mountainbikes wird mit folgenden Kosten und Zuschlagsätzen kalkuliert:

Kosten		Zuschlagsätze	
Fertigungsmaterial	268,00 €	Materialgemeinkosten	11 %
Fertigungslöhne	345,00 €	Fertigungsgemeinkosten	74 %
Sondereinzelkosten der Fertigung	32,00 €	Verwaltungs- und Vertriebsgemeinkosten	8 %

Berechnen Sie die Selbstkosten für ein Mountainbike.

107 *eX-treme Bike* hat eine Kostenübersicht für April erstellt:

Kostenstelle	I	II	III	IV
Einzelkosten	Fertigungsmaterial 87.900,00 €	Fertigungslöhne 137.600,00 €		
Sondereinzelkosten		4.300,00 €		
Gemeinkosten	9.669,00 €	112.832,00 €	14.424,04 €	18.030,05 €

a Berechnen Sie den Materialgemeinkostenzuschlagsatz.
b Ermitteln Sie die Selbstkosten für den Monat April (Gesamtkosten), wenn bei den fertigen Erzeugnissen ein Minderbestand von 8.300,00 € vorliegt.
c Berechnen Sie den gemeinsamen Zuschlagsatz für die Verwaltungs- und Vertriebsgemeinkosten.
d Geben Sie eine konkrete Möglichkeit an, wie die Verwaltungsgemeinkosten gesenkt werden können.

19 Teilkostenrechnung

19.1 Deckungsbeitragsrechnung

Die Deckungsbeitragsrechnung ist ein Verfahren der **Teilkostenrechnung**. Sie orientiert sich am Preis, der am Markt erzielt werden kann. Ein Auftrag kann kurzfristig auch dann lohnenswert sein, wenn die **variablen Kosten gedeckt** und zusätzlich ein **Beitrag zur Deckung der fixen Kosten** geleistet werden kann.
Der Deckungsbeitrag (DB) ist der Teil des Nettoverkaufserlöses, der nach Abzug der variablen Kosten noch zur Deckung der fixen Kosten beiträgt.

variable Kosten (FM, FL, SEKF)
+ fixe Kosten (MGK, FGK, VwGK, VtGK)
= Selbstkosten

Die **DB-Rechnung** bietet eine **kurzfristige Entscheidungshilfe** bei Nichtauslastung der Produktionskapazität. Langfristig müssen die Bedingungen der Vollkostenrechnung erfüllt sein.

Variable Kosten (mengenabhängige Kosten)

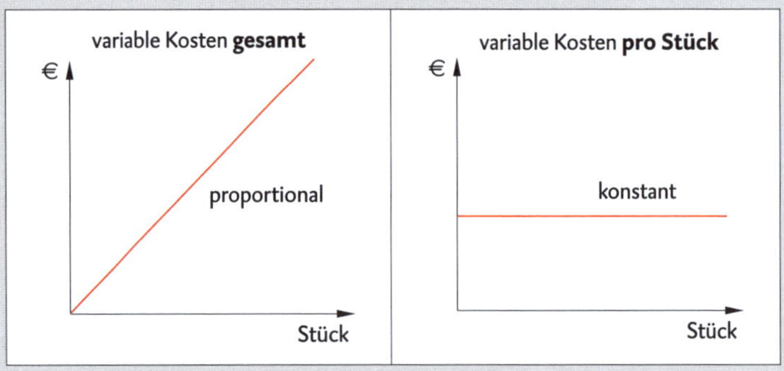

Fixe Kosten (mengenunabhängige Kosten)

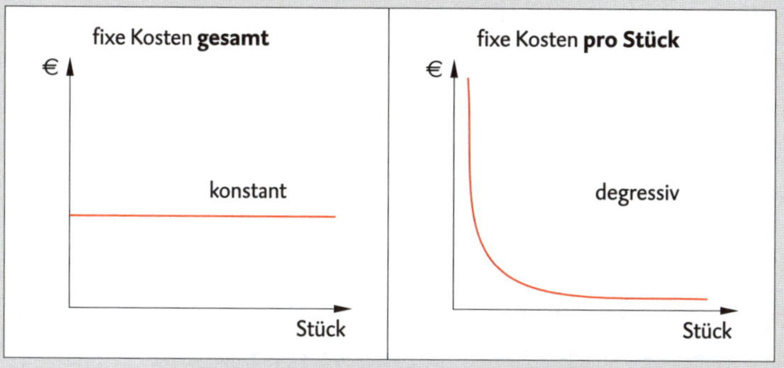

DB-Rechnung im Einproduktunternehmen

Beispiel Berechnung des Betriebsergebnisses (Produktion von 230 Mountainbikes)

NVE (Nettoverkaufserlös)/Stk	1.875,00 €
– k_V/Stk	595,00 €
db (Deckungsbeitrag)/Stk	1.280,00 €
DB ges (230 Stk)	294.400,00 €
– K_f	275.000,00 €
BE (Betriebsergebnis)	**19.400,00 €**

Gewinnschwelle/Break-even-point

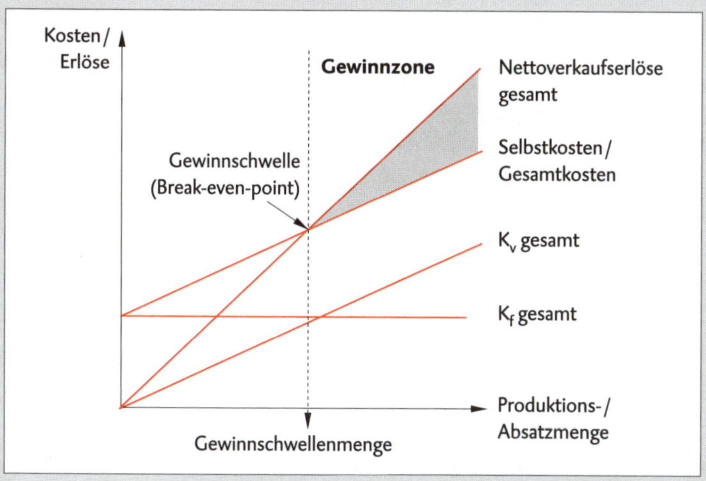

Nettoverkaufserlös/Stück
– variable Kosten/Stück
= Deckungsbetrag/Stück

Die Gewinnschwelle gibt die Absatzmenge an, bei der Kosten und Erlöse gleich hoch sind.

Gewinnschwelle (Stück) = $\frac{\text{fixe Kosten gesamt}}{\text{Deckungsbeitrag/Stück}}$

DB-Rechnung bei zwei Produkten

Beispiel

	Rennrad A (290 Stk)	Rennrad B (380 Stk)	gesamt
NVE/Stk	1.990,00 €	1.290,00 €	
– k_v/Stk	1.120,00 €	830,00 €	
= db/Stk	870,00 €	460,00 €	
DB ges	252.300,00 €	174.800,00 €	427.100,00 €
– K_f			315.000,00 €
= BE			**112.100,00 €**

19.2 Bestimmung von Preisuntergrenzen

Langfristige Preisuntergrenze

Langfristig kann ein Unternehmen nur bestehen, wenn alle Kosten gedeckt sind → **Betriebsergebnis = 0.**

Beispiel Berechnung der langfristigen Preisuntergrenze von Rennrad B:

	Rennrad A (290 Stk)	Rennrad B (380 Stk)	gesamt
NVE/Stk		**995,00 €** ↑	
– k_v/Stk		830,00 €	
db/Stk		165,00 €	
DB ges	252.300,00 € →	**62.700,00 €** ←	315.000,00 € ↑
– K_f			315.000,00 €
BE			**0,00 €**

Die langfristige Preisuntergrenze von Rennrad B liegt bei 995,00 €.

Kurzfristige Preisuntergrenze

Findet ein Preiskampf statt, kann/muss kurzfristig auf Gewinn und auf einen Beitrag zur Deckung der Fixkosten verzichtet werden. Der Nettoverkaufspreis von Rennrad B kann kurzfristig so weit gesenkt werden, dass nur die variablen Kosten gedeckt sind (Ziel: Sicherung von Marktanteilen/Arbeitsplätzen) → **DB = 0**.

Nettoverkaufserlös/Stück	830,00 € ↑
– variable Kosten/Stück	830,00 €
Deckungsbetrag/Stück	0,00 €

Langfristige Preisuntergrenze	Kurzfristige Preisuntergrenze
Die **Selbstkosten** (= alle Kosten) müssen gedeckt sein: **BE = 0**.	Die **variablen Kosten** müssen gedeckt sein: **DB = 0**.

19.3 Annahme von Zusatzaufträgen zu Sonderbedingungen

Ein Zusatzauftrag zu Sonderbedingungen (i. d. R. wird ein Preisnachlass gefordert) wird angenommen, wenn …

- freie Kapazitäten vorhanden sind,
- sich durch Zusatzaufträge das Betriebsergebnis verbessert, die **zusätzlichen Erlöse also höher sind als die variablen Kosten**.

Beispiel Ein Kunde bietet für 120 Rennräder vom Typ B 890,00 €/Stk.

	Rennrad A (290 Stk)	Rennrad B (380 Stk)	laufende Produktion	Zusatzauftrag
NVE/Stk	1.990,00 €	1.290,00 €		890,00 €
– k_v/Stk	1.120,00 €	830,00 €		830,00 €
db/Stk	870,00 €	460,00 €		**60,00 €**
DB ges	252.300,00 €	174.800,00 €	427.100,00 € + **7.200,00 €**	
– K_f				315.000,00 €
BE				**119.300,00 €**

Der Zusatzauftrag trägt pro Stück 60,00 € zur Deckung der fixen Kosten bei. Da die bisherige Produktion schon alle fixen Kosten abdeckt, erhöht jedes zusätzlich verkaufte Rennrad B den Gewinn um 60,00 €, der Auftrag wird also angenommen.

19.4 Selber machen oder kaufen – „make or buy"?

Mit der „make or buy"-Analyse wird ermittelt, ob es günstiger ist, benötigte Produkte selbst herzustellen oder von einem anderen Unternehmen zu kaufen.

Beispiel *eX-treme Bike* benötigt jährlich 1.000 Zahnkränze für Gangschaltungen. Das Unternehmen überlegt, ob es sich lohnt, diese selbst herzustellen, oder ob sie weiterhin von einem Lieferanten bezogen werden sollen.

Fremdfertigung	Eigenfertigung	
Einstandspreis pro Stück	Fixkosten pro Jahr	variable Stückkosten
44,00 €	26.400,00 €	20,00 €

Fremdfertigung:	Gesamtkosten	44.000,00 €
Eigenfertigung:	Variable Kosten	20.000,00 €
	+ Fixkosten	26.400,00 €
	= Gesamtkosten	46.400,00 €

Bei einer Stückzahl von 1.000 ist es günstiger, die Zahnkränze von einem Lieferer zu kaufen.

Grafische Analyse

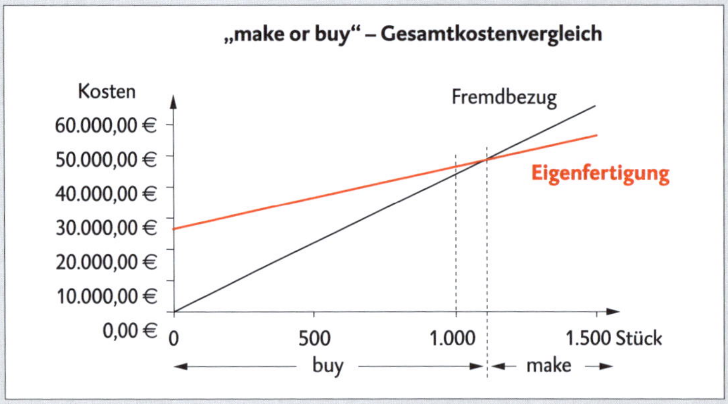

Ab einer benötigten Menge von 1.100 Zahnkränzen ist die Eigenfertigung günstiger.

19.5 Fertigungsprogrammplanung

Die Deckungsbeitragsrechnung liefert wichtige Informationen, wenn es um den Beitrag verschiedener Produkte zum Unternehmenserfolg geht.

Beispiel *eX-treme Bike* hat aktuell vier Produkte im Sortiment.

	Rennrad	Mountainbike	Gravel Bike	Triathlonrad
NVE/Stk	1.400,00 €	1.730,00 €	940,00 €	1.960,00 €
$-k_v$/Stk	850,00 €	1.140,00 €	970,00 €	1.660,00 €
db/Stk	550,00 €	590,00 €	–30,00 €	300,00 €

Das Gravel Bike erzielt einen negativen Deckungsbeitrag. Der Verkaufserlös deckt nicht einmal die variablen Kosten, durch die Produktion des Bikes verschlechtert sich das Betriebsergebnis.

Produkteliminierung

Die Übersicht oben legt nahe, dass das Gravel Bike aus dem Sortiment genommen (eliminiert) werden sollte. Bevor dies geschieht, sollten jedoch einige Überlegungen angestellt werden:

- Sind beim Gravel Bike in Zukunft steigende Umsätze zu erwarten?
- Kann das Produkt an die Bedürfnisse des Marktes angepasst werden (z. B. Design, Funktionen)?
- Trägt das Produkt dazu bei, andere Güter zu verkaufen oder das Image des Unternehmens zu steigern?

Verkaufsförderung

Die Deckungsbeitragsrechnung hilft auch bei der Frage, welches Produkt künftig besonders gefördert werden soll.

Beispiel *eX-treme Bike* nimmt das Gravel Bike aus dem Sortiment, Produktionskapazitäten werden frei (600 Stück). Bei welchem Rad soll die Produktion erhöht werden? (Annahme: Jedes Produkt wird auch abgesetzt.)

	Rennrad (700 Stk)	Mountainbike (750 Stk)	Triathlonrad (550 Stk)
DB/Stk (siehe oben)	550,00 €	590,00 €	300,00 €
DB ges.	385.000,00 €	442.500,00 €	165.000,00 €
Auswirkung auf das Betriebsergebnis (Rangfolge)	2	1	3

Die freien Kapazitäten sollten auf das Mountainbike übergehen, da es den höchsten Deckungsbeitrag aufweist. Hierdurch kann das Betriebsergebnis am meisten gesteigert werden.
Das BE erhöht sich um 590,00 € · 600 Stk = 354.000,00 €

Annahme von Kundenaufträgen

Soll ein neuer Kundenauftrag angenommen werden, wenn die **Produktionskapazitäten** bereits **ausgeschöpft** sind? Auch hier kann die DB-Rechnung als Entscheidungshilfe herangezogen werden.

MERKE

Ein Auftrag wird angenommen, wenn er einen **höheren Deckungsbeitrag** erzielt als das Produkt mit dem **aktuell niedrigsten Deckungsbeitrag**.

19.6 Übersicht Voll- und Teilkostenrechnung

Vollkostenrechnung	Deckungsbeitrags-/Teilkostenrechnung
Überlegung: Ein Auftrag lohnt sich dann, wenn alle Kosten voll abgedeckt sind und ein Gewinn erzielt werden kann.	**Überlegung:** Ein Auftrag kann kurzfristig auch dann lohnenswert sein, wenn die variablen Kosten und ein Teil der Fixkosten abgedeckt werden.
Einzelkosten (FM, FL, SEKF) + Gemeinkosten (MGK, FGK, VwGK, VtGK) Selbstkosten	variable Kosten (FM, FL, SEKF) + fixe Kosten (MGK, FGK, VwGK, VtGK) Selbstkosten
Diese Vorgehensweise ist dann sinnvoll, wenn der Markt die über die Zuschlagskalkulation ermittelten Verkaufspreise akzeptiert.	Diese Vorgehensweise ist sinnvoll, wenn man davon ausgeht, dass der Markt die Preise bestimmt.
Über einen **längeren Zeitraum müssen alle Kosten** gedeckt sein. → **Langfristig** muss jedes Unternehmen die **Vollkostenrechnung** zugrunde legen.	**Kurzfristig** ist die **Teilkostenrechnung eine wichtige Entscheidungshilfe** bei der Annahme von Zusatzaufträgen oder Preissenkungen.
Nettoverkaufserlös – Selbstkosten Betriebsergebnis (Gewinn/Verlust)	Nettoverkaufserlös/Stück – variable Kosten/Stück Deckungsbeitrag/Stück Deckungsbeitrag gesamt – fixe Kosten Betriebsergebnis (Gewinn/Verlust) DBges > K_f → Gewinn DBges < K_f → Verlust

Aufgaben

Bearbeiten Sie folgende Aufgabenstellungen aus Sicht von *eX-treme Bike*.

108 Erläutern Sie die Ziele bzw. Grundidee der Vollkosten- und der Teilkostenrechnung.

109 Unterscheiden Sie variable und fixe Kosten.

110 Im Zweigwerk in Bamberg produziert *eX-treme Bike* E-Bikes. Für Januar bis März liegen die Quartalszahlen vor:

Modell	E-Mountain	E-Race
Nettoverkaufspreis/Stück	1.890,00 €	2.490,00 €
variable Kosten/Stück	970,00 €	1.330,00 €
Produktion (=Absatz)	940 Stück	670 Stück
Fixkosten	1.270.000,00 €	
Kapazität	1.200 Stück	1.400 Stück

a Berechnen Sie das Betriebsergebnis für das Zweigwerk.

b Berechnen Sie die Kapazitätsauslastung des Modells „E-Mountain“ in Prozent.

c Berechnen Sie für das Modell „E-Race“ die langfristige Preisuntergrenze (Produktion/Absatz 670 Stück), wenn die Zahlen bei „E-Mountain“ unverändert bleiben.

111 Für das 2. Quartal liegen die folgenden Zahlen vor:

Modell	E-Mountain	E-Race
Nettoverkaufspreis/Stück	1.890,00 €	2.490,00 €
variable Kosten/Stück	920,00 €	1.200,00 €
Produktion (=Absatz)	840 Stück	320 Stück
Fixkosten	1.310.000,00 €	
Kapazität	1.200 Stück	1.000 Stück

a Die Fixkosten sind im Vergleich zum 1. Quartal gestiegen.
Nennen Sie zwei mögliche Gründe.

b Im Gegensatz zu den Fixkosten konnten bei den beiden Modellen die variablen Kosten gesenkt werden.
Nennen Sie eine konkrete Möglichkeit, die variablen Kosten zu senken.

c Die Verkaufszahlen von „E-Race“ sind eingebrochen. *eX-treme Bike* plant, künftig nur noch das Modell „E-Mountain“ zu produzieren.
Berechnen Sie die Stückzahl, die produziert und verkauft werden muss, um die Gewinnschwelle zu erreichen, wenn Sie die Zahlen des 2. Quartals zugrunde legen.

d Im 3. Quartal hat *eX-treme Bike* im Zweigwerk das Sortiment um zwei Modelle erweitert. Folgende Zahlen liegen vor:

	E-Mountain	E-Race	E-City	E-Tour
NVE/Stk	1.890,00 €	2.490,00 €	1.400,00 €	1.200,00 €
K_v/Stk	920,00 €	1.200,00 €	1.280,00 €	980,00 €
Produktion	840 Stück	440 Stück	360 Stück	530 Stück

Durch die Sortimentserweiterung kommt es immer wieder zu Engpässen in der Produktion. Die Unternehmensleitung hat beschlossen, ein Modell wieder vom Markt zu nehmen.
Geben Sie mithilfe der Deckungsbeitragsrechnung eine Empfehlung ab.

Lösungen

1 **Eigenbelege:** Materialentnahmeschein, Lohnliste, Rechnung an einen Kunden
Fremdbelege: Kontoauszug, Bescheid des Finanzamts

2 **Inventur:** Bestandsaufnahme aller Vermögensgegenstände und Schulden durch Zählen, Wiegen und Messen
Inventar: Bestandsverzeichnis von Vermögen und Schulden in Staffelform

3
- **ökonomisches Ziel:** z. B. Steigerung des Gewinns
- **soziales Ziel:** z. B. Zahlung gerechter Löhne
- **ökologisches Ziel:** z. B. Einsatz nachhaltiger Produktionsmethoden (Vermeidung negativer Auswirkungen auf die Umwelt)

4
- **Supermarkt:** gute Verkehrsanbindung für Kunden und Lieferer, günstige Grundstückspreise
- **Softwareentwickler:** Verfügbarkeit von qualifizierten Mitarbeitern und von schnellem Internet
- **Automobilhersteller:** niedrige Produktionskosten (z. B. geringe Lohnnebenkosten), günstige Verkehrslage für Zulieferer und Auslieferung (z. B. Häfen für den Export)

5
- **unverändert im Produkt eingesetzt** → Fremdbauteile
- **Nebenbestandteil des Produktes** → Hilfsstoffe
- **im Produktionsprozess verbraucht** → Betriebsstoffe

6 Das **Einzelunternehmen** ist die am häufigsten gewählte Rechtsform in Deutschland. Es wird von einer einzelnen Person gegründet. Der Unternehmer leitet das Unternehmen, erhält den gesamten Gewinn und haftet für Schulden sowohl mit dem Geschäfts- als auch mit dem Privatvermögen.
Eine **GmbH** (Gesellschaft mit beschränkter Haftung) zählt zu den Kapitalgesellschaften. Inhaber sind ein oder mehrere Gesellschafter, die nur mit dem in die Gesellschaft eingebrachten Vermögen haften (mindestens 25.000 €). Die GmbH wird von einem oder mehreren Geschäftsführern geleitet, der Gewinn wird nach dem Verhältnis der Geschäftsanteile der Inhaber aufgeteilt.

7 *individuelle Lösung*;
Gehen Sie in Ihrem Businessplan auf folgende Aspekte ein:
Geschäftsidee: angebotene Produkte/Dienstleistungen, Nutzen für Kunden, Qualität des Standorts
Marktsituation: Kundenkreis, Konkurrenzsituation
Finanzplanung: Kapitalbedarf, Investitionshöhe
SWOT-Analyse *z. B.*:

Stärken (strengths) z. B. alteingesessenes Unternehmen mit festem Kundenstamm, hochwertige Produkte	**Schwächen (weaknesses)** z. B. Produktionsmethoden nicht auf dem neuesten Stand, wenig Innovationen
Chancen (opportunities) z. B. Generationenwechsel in der Geschäftsführung, dadurch neue Impulse für effizientere Produktionsprozesse und Innovationen	**Risiken (risks)** z. B. starke internationale Konkurrenz, Fachkräftemangel

8 *z. B.*:
- **Kundenservice verbessern:** Kunden können schnell und einfach Kontakt aufnehmen.
- **Versand optimieren:** Ware wird pünktlich und schnell geliefert.
- **Austausch mit Kunden intensivieren:** Kunden können ihre Wünsche einbringen, z. B. bei neuen Modellen.

9
- **Vorteil:** Durch die Auslagerung verschiedener Bereiche (z. B. Buchhaltung) kann sich ein Unternehmen auf sein Kerngeschäft konzentrieren.
- **Nachteil:** Das Unternehmen ist in dem ausgelagerten Bereich von der Kompetenz/Qualität eines externen Unternehmens abhängig.

10

a	6020 AWH		an	6021 BZKH	200,00 €
	5000 UEFE		an	5001 EBFE	2.040,00 €
b	6520 ABSA		an	0530 BVG	11.000,00 €

11
a *eX-treme Bike* kauft Schrauben für 3.450,00 € netto auf Ziel.
b Zielverkauf von Fahrrädern an einen Fahrrad-Großhandel für 45.800,00 € netto

c	8020 GUV		an	6020 AWH	4.910,00 €
	5000 UEFE		an	8020 GUV	54.360,00 €

12 **a**

Erträge	55.640,00 €
– Aufwendungen	45.990,00 €
= Gewinn	9.650,00 €

b

8020 GUV		an	3000 EK	9.650,00 €

13 **a** Saldo 2400 FO: 29.900,00 €
Saldo 4400 VE: 17.900,00 €

b

8010 SBK		an	2400 FO	29.900,00 €

4400 VE		an	8010 SBK	17.900,00 €

14 **a**

6030 AWB	178,90 €	an	2880 KA	212,89 €
2600 VORST	33,99 €			

b

6000 AWR	3.500,00 €	an	4400 VE	4.224,50 €
6001 BZKR	50,00 €			
2600 VORST	674,50 €			

c

4400 VE	29,75 €	an	6001 BZKR	25,00 €
			2600 VORST	4,75 €

d

4400 VE	79,73 €	an	6022 NH	67,00 €
			2600 VORST	12,73 €

15 **a**

Angebot *Bike-Techno*				Angebot *Cyclemaster*		
EUR	%	%		EUR	%	%
3.490,00	100		Listeneinkaufspreis	3.350,00	100	
523,50	15		– Liefererrabatt	268,00	8	
2.966,50	85		= **Zieleinkaufspreis**	3.082,00	92	100
0,00		0	– Liefererskonto	77,05		2,5
2.966,50			= **Bareinkaufspreis**	3.004,95		97,5
15,00			+ Bezugskosten	0,00		
2.981,50			= **Einstandspreis**	3.004,95		

b Lieferung ab Werk

c z. B.: Zuverlässigkeit, Qualität der Ware, Lieferzeit, Service

d

6010 AWF	3.082,00 €	an	4400 VE	3.667,58 €
2600 VORST	585,58 €			

Hinweis: Der Rabatt wird sofort abgezogen, deshalb ist hier der Zieleinkaufspreis der relevante Preis! Skonto darf nur abgezogen werden, wenn innerhalb der Skontofrist bezahlt wird.

e

Rechnungsbetrag	3.667,58 €	Nettoskonto	77,05 €
– 2,5 % Skonto	91,69 €	VORST-Anteil	14,64 €
= Überweisungsbetrag	3.575,89 €		

4400 VE	3.667,58 €	an	2800 BK	3.575,89 €
			6012 NF	77,05 €
			2600 VORST	14,64 €

16 Ein Unternehmen ist bestrebt, die Kosten der Materialbeschaffung niedrig zu halten. Bestellt man häufig und in kleinen Mengen, steigen die Bezugskosten. Bestellt man Werkstoffe hingegen in großen Mengen, steigen die Lagerkosten. Die optimale Bestellmenge ist erreicht, wenn die Gesamtkosten (Lagerkosten + Bezugskosten) am niedrigsten sind.

17 a Bei der „Just-in-time-Produktion" werden die für die Produktion benötigten Werkstoffe genau dann geliefert, wenn sie in der Fertigung gebraucht werden. Dadurch werden die Lagerkosten gering gehalten.

b Es kann vorkommen, dass Werkstoffe verspätet geliefert werden. Durch den „eisernen Bestand" im Lager können derartige Lieferprobleme für eine gewisse Zeit überbrückt werden.

c Das Konto 6020 AWH ist ein Aufwandskonto. Die gelieferten Hilfsstoffe werden i. d. R. sofort in der Produktion verarbeitet. Das Konto 2020 H ist ein Aktivkonto. Hier wird der Lagerbestand an Hilfsstoffen erfasst. Gelieferte Hilfsstoffe, die nicht in der Produktion benötigt wurden, werden am Jahresende auf dem Konto 2020 H erfasst – der Lagerbestand mehrt sich.

18 a **Rohstoffe:** Minderung um 3.178,00 € (AB > SB)
Hilfsstoffe: Erhöhung um 902,00 € (AB < SB)

b

6000 AWR		an	2000 R	3.178,00 €
2020 H		an	6020 AWH	902,00 €

19 a

2010 F		an	6010 AWF	6.500,00 €

b

S	2010 F		H
AB	11.530,00	SBK	18.030,00
AWF	6.500,00		
	18.030,00		18.030,00

S	6010 AWF		H
VE	14.300,00	F	6.500,00
BK	2.600,00		
VE	8.400,00		

c Eintragung ins T-Konto: siehe oben

8010 SBK		an	2010 F	18.030,00 €

d *eX-treme Bike* hat mehr Fremdbauteile gekauft, als verarbeitet wurden. Der „Überschuss“ wird im Lager aufbewahrt.

20
- Produktpolitik („Product“)
- Preispolitik („Price“)
- Vertriebspolitik („Place“)
- Kommunikationspolitik („Promotion“)

21
- **ökonomische Ziele:** Steigerung des Umsatzes, Erhöhung des Marktanteils
- **psychologische Ziele:** Verbesserung des Images des Unternehmens/des Produktes, Stärkung der Kundenbindung

22 a „City Bike“ weist mit ca. 17 % ein hohes Marktwachstum auf, der Marktanteil ist allerdings gering. Die weitere Entwicklung des neu auf dem Markt eingeführten Produkts ist unklar, es zählt zu den „Fragezeichen“.

b
- „Grave-Devil“: Cash Cow
- „Mountain-eX“: Star
- „TopSpeed“: Poor Dog

c *individuelle Lösung*; *z. B.*: Bei „Fragezeichen“ ist es notwendig, Marketingmaßnahmen zu verstärken, um die Bekanntheit auf dem Markt zu erhöhen und den Marktanteil zu steigern. Auf diese Weise verbessert sich die Chance, dass sich „Fragezeichen“ wie das „City Bike“ zu „Stars“ entwickeln.

23
- **mengenbezogene Preisdifferenzierung:**
  z. B. Gruppen ab 10 Personen erhalten einen Rabatt, z. B. 5,00 €/Person; Familien bezahlen 55,00 €
- **zeitbezogene Preisdifferenzierung:**
  z. B. Preis für 5 Stunden: 15,00 €, Tagespreis 20,00 €, 3 Tage 50,00 €
- **personenbezogene Preisdifferenzierung:**
  z. B. Erwachsene 20,00 €/Tag, Kinder bis 14 Jahre 12,00 €/Tag

24 a
- **Vorteile:** Im Fachhandel beraten in der Regel qualifizierte Mitarbeiter, die guten Service anbieten und auf Kundenwünsche eingehen können. *eX-treme Bike* muss bei einem Vertrieb über den Fachhandel kein eigenes Vertriebsnetz aufbauen und nicht selbst für qualifiziertes Personal sorgen.
- **Nachteile:** Durch kompetente Beratung und guten Service ist der Preis oft höher als z. B. bei einem Discounter. Häufig gibt es nur wenige Fachhändler in einer Region, weshalb die Kunden weite Wege zurücklegen müssen. Der Fachhandel versucht dies häufig durch Onlineangebote (z. B. Beratung in Videokonferenzen) auszugleichen.

b *z. B.:* Der Werksverkauf, also der Verkauf direkt vom Betriebsgelände, bietet eine Reihe von Vorteilen. *eX-treme Bike* umgeht damit den Zwischenhändler, wodurch der Gewinn steigt bzw. die Produkte günstiger angeboten werden können. Außerdem besteht beim Direktvertrieb ein enger Kontakt zu den Kunden, sodass auf deren Wünsche eingegangen werden kann und neue Trends und Bedürfnisse frühzeitig erkannt werden können. Diese Informationen aus erster Hand sind wichtig für *eX-treme Bike*, besonders wenn es um die Entwicklung neuer Fahrräder geht.
Der Direktvertrieb hat aber auch einige Nachteile. *eX-treme Bike* ist Spezialist für die Produktion von Fahrrädern, nicht aber für deren Verkauf. Das Unternehmen muss also zuerst in Verkaufsräume investieren und qualifizierte Mitarbeiter für den Werksverkauf einstellen.

Empfehlung:
z. B.: Die Vorteile des Werksverkaufs überwiegen die Nachteile. Wenn *eX-treme Bike* die erforderlichen finanziellen Mittel aufbringen kann, ist dieser zusätzliche Vertriebsweg für die Fahrräder zu empfehlen.

25 a *z. B.:* Steigerung des Bekanntheitsgrads; Erhöhung des Marktanteils und des Gewinns; Bestätigung der Qualität des Produkts durch die Zusammenarbeit mit Profisportlern

b *z. B.:* Sponsoring eines Weltklasse-Mountainbikers, Sponsoring von internationalen Mountainbike-Wettkämpfen (Werbebanden)

c *Hinweis: Für den Erfolg einer Marketingkampagne ist entscheidend, dass die vier Marketinginstrumente aufeinander abgestimmt sind.*
Die Marketingstrategie muss sich an der Zielgruppe orientieren. Das Lastenrad sollte qualitativ hochwertig, langlebig und aus wiederverwertbaren Materialien hergestellt sein (*Product*).
Preislich kann das Fahrrad im oberen Preissegment angesiedelt sein (*Price*).
Die Zielgruppe ist anspruchsvoll, daher sollte der Vertrieb über den Fach-

handel erfolgen, der auf spezielle Kundenwünsche eingehen kann (*Place*). Die Zielgruppe informiert sich in der Regel gezielt im Internet und über soziale Medien. Die Kommunikationspolitik sollte mit einem überzeugenden Online-Marketingauftritt darauf abgestimmt sein. Der Onlineauftritt könnte mit klassischen Werbemaßnahmen, z. B. Plakaten an Bushaltestellen, ergänzt werden (*Promotion*).

26 a

6870 WER	5.470,00 €	an	4400 VE	6.509,30 €
2600 VORST	1.039,30 €			

b

6820 KOM		an	2880 KA	87,00 €

Hinweis: Postwertzeichen sind von der Umsatzsteuer befreit!

c

6770 RBK	3.400,00 €	an	4400 VE	4.046,00 €
2600 VORST	646,00 €			

27 a

	EUR	%	%	%
Selbstkostenpreis	147.000,00 *(2.450,00 · 60)*	100		
+ Gewinn	29.400,00	20		
= Barverkaufspreis	176.400,00	120	98	
+ Kundenskonto	3.600,00		2	
= Zielverkaufspreis	180.000,00		100	90
+ Kundenrabatt	20.000,00			10
= Listenverkaufspreis	**200.000,00**			100

Der Listenverkaufspreis beträgt 200.000,00 €.

b

	EUR	%	%	%
Selbstkostenpreis	147.000,00	*(100)*		
+ Gewinn	**16.170,00**	*(11)*		
= Barverkaufspreis	163.170,00	*(111)*	98	
+ Kundenskonto	3.330,00		2	
= Zielverkaufspreis	166.500,00		100	90
+ Kundenrabatt	18.500,00			10
= Listenverkaufspreis	185.000,00			100

eX-treme Bike erzielt bei einem Listenverkaufspreis von 185.000,00 € noch einen Gewinn in Höhe von 16.170,00 €.

28 **a**

6040 AWVM	440,00 €	an	4400 VE	523,60 €
2600 VORST	83,60 €			

b

40 Bikes · 1.280,00 € =	51.200,00 €
– 5 % Rabatt	2.560,00 €
= Warenwert netto	48.640,00 €

2400 FO	57.881,60 €	an	5000 UEFE	48.640,00 €
			4800 UST	9.241,60 €

c

6140 AFR	190,00 €	an	2880 KA	226,10 €
2600 VORST	36,10 €			

d

5000 UEFE	3.648,00 €	an	2400 FO	4.341,12 €
4800 UST	693,12 €			

e

2400 FO	14.637,00 €	an	5000 UEFE	12.300,00 €
			4800 UST	2.337,00 €

Hinweis: Die 3 % Skonto sind erst zu berücksichtigen, wenn der Kunde innerhalb der angegebenen Skontofrist bezahlt.

f

Rechnungsbetrag	14.637,00 €		
– 3 % Skonto	439,11 €	Nettoskonto	369,00 €
= Überweisungsbetrag	14.197,89 €	UST-Anteil	70,11 €

2800 BK	14.197,89 €	an	2400 FO	14.637,00 €
5001 EBFE	369,00 €			
4800 UST	70,11 €			

29 Nachträgliche Preisnachlässe an den Kunden (Konto 5001 EBFE) mindern die Erlöse und damit auch den Unternehmenserfolg.

30 *u. a.:*

- Grundnahrungsmittel
- Bücher und Zeitschriften
- Tickets für Personennahverkehr
- Hotelübernachtungen

31 Unter **innergemeinschaftlichem Handel** versteht man den Handel zwischen Ländern der Europäischen Union. Die Waren werden umsatzsteuerfrei ausgeführt und müssen dann zum Steuersatz des Empfängerlandes versteuert werden. Die beteiligten Unternehmen benötigen eine Umsatzsteuer-Identifikationsnummer, über die der Handel kontrolliert wird.

32 a **Alternative 1:**

Nettowert Verkauf	74.000,00 €
– Nettowert Einkauf	43.000,00 €
= Mehrwert	31.000,00 €

Umsatzsteuerzahllast: 19 % von 31.000,00 € = 5.890,00 €

Alternative 2:

UST	14.060,00 €	(Verbindlichkeit geg. Finanzamt; 19 % auf Nettowert Verkauf 74.000,00 €)
– VORST	8.170,00 €	(Forderung geg. Finanzamt; 19 % auf Nettowert Einkauf 43.000,00 €)
=	5.890,00 €	(Umsatzsteuerzahllast)

b Die Umsatzsteuer-Zahllast ist bis zum 10. des Folgemonats ans Finanzamt zu überweisen, in diesem Fall bis zum 10. März.

33

S	2600 VORST		H
VE	2.540,00	a) UST	7.070,00
BK	570,00		
VE	3.960,00		

S	4800 UST		H
a) VORST	7.070,00	FO	3.200,00
c) BK	2.620,00	FO	4.650,00
		BK	1.840,00

a Saldo Konto 2600 VORST: 7.070,00 €

4800 UST		an	2600 VORST	7.070,00 €

b Zahllast: 2.620,00 € (Saldo Konto 4800 UST)

c

4800 UST		an	2800 BK	2.620,00 €

34

Betrieblicher Aufwand	Private Steuern	Steuern als durchlaufender Posten	Aktivierungspflichtige Steuern
• Gewerbesteuer • Kraftfahrzeugsteuer (Geschäftswagen)	• Einkommensteuer des Unternehmers	• Lohnsteuer der Arbeitnehmer • Umsatzsteuer	• Grunderwerbsteuer

35 a Grunderwerbsteuer: $\frac{320.000,00 \cdot 3,5}{100} = 11.200,00$ €

b	0500 GR	an	4400 VE	11.200,00 €	(aktivierungspflichtige Steuer)
		(oder auch 4830 VFA)			

36						
	a	7030 KFZST		an	2800 BK	239,00 €
	b	7020 GRST		an	4400 VE	1.540,00 €
	c	3001 P		an	2800 BK	9.360,00 €

37 **Subventionen** sind staatliche Fördermaßnahmen bzw. Steuererleichterungen für Unternehmen, z. B. für Forschung oder Umweltschutzmaßnahmen. Sie tragen u. a. dazu bei, die Wettbewerbsfähigkeit von Unternehmen zu stärken.
Gebühren sind Abgaben, die für eine bestimmte Leistung des Staates zu zahlen sind, z. B. für die Müllentsorgung oder für die Kfz-Zulassung.

38						
	a	6730 GEB	124,00 €	an	4400 VE	147,56 €
		2600 VORST	23,56 €			
	b	6730 GEB		an	2800 BK	340,00 €

39
- **Interne Personalbeschaffung** bedeutet, dass eine freie Stelle mit einem Mitarbeiter aus dem eigenen Unternehmen besetzt wird.
  - **Vorteil:** Die Stelle kann schnell besetzt werden/die Fähigkeiten des Mitarbeiters sind bekannt.
  - **Nachteil:** Die Auswahlmöglichkeiten sind begrenzt/evtl. entstehen Spannungen unter den Mitarbeitern.
- **Externe Personalbeschaffung** bedeutet, dass eine freie Stelle mit einem Mitarbeiter von außerhalb des Unternehmens besetzt wird.
  - **Vorteil:** neue Ideen für das Unternehmen/große Bewerberauswahl
  - **Nachteil:** Die Stellenbesetzung dauert länger und ist teurer/höheres Risiko einer Fehlbesetzung.

40 **Chancen:** Im Zuge der Digitalisierung sind viele neue Berufsbilder, z. B. Programmierer*in oder Datenanalyst*in, entstanden. Digitalisierung ermöglicht eine höhere Flexibilität, z. B. durch Homeoffice, und vielfältige Kommunikationswege.
Risiken: Kontinuierliche technische Weiterentwicklungen erfordern eine regelmäßige Weiterbildung der Arbeitnehmer. Durch beschleunigte Arbeitsab-

läufe und ständige Erreichbarkeit beklagen viele Beschäftigte eine Zunahme des Stressniveaus. Für Geringqualifizierte sinken die Jobchancen, da inzwischen viele Routinearbeiten von Maschinen und Computern erledigt werden.

41 Lohnnebenkosten sind Kosten, die für den Arbeitgeber zusätzlich zum Bruttoentgelt anfallen. **Gesetzlich** festgelegt sind z. B. der Arbeitgeberanteil zu den Sozialversicherungen, die Lohnfortzahlung im Krankheitsfall und bezahlte Feiertage. Zu den **freiwilligen/tariflichen** Lohnnebenkosten zählen z. B. die Zahlung von Urlaubsgeld, Zuschüsse zur Vermögensbildung und Fahrtkostenzuschüsse.

42 a Anna Kraus ist in der Lohnsteuerklasse 1 (ledig, geschieden oder verwitwet) und erhält keinen Kinderfreibetrag. Außerdem ist die evangelische Kirche als Religionsgemeinschaft angegeben, der Frau Kraus angehört.

b

6200 LG	35.800,00 €	an	2800 BK	19.931,65 €
			4830 VFA	8.950,00 €
			4840 VSV	6.918,35 €

6400 AGASV		an	4840 VSV	6.918,35 €

c

4840 VSV		an	2800 BK	13.836,70 €

43 Das **Einliniensystem** weist eine klare Ordnung auf. Jeder Mitarbeiter ist genau einem Vorgesetzten unterstellt und die Kompetenzen sind eindeutig zugewiesen. Ein Nachteil dieser Organisationsstruktur sind die langen und unflexiblen Kommunikationswege.
Beim **Mehrliniensystem** hat ein Mitarbeiter mehrere Vorgesetzte, die Aufgaben an ihn übertragen können. Diese Organisationsform ermöglicht eine direkte Kommunikation zwischen verschiedenen Abteilungen, kann aber auch zu Kompetenzgerangel und widersprüchlichen Anweisungen führen.

44 **autoritativer Führungsstil:** *z. B.:*
- Vorgesetzter entscheidet allein
- strenge Regeln
- klare Anweisungen
- schnelle Entscheidungen

kooperativer Führungsstil: *z. B.:*

- Mitarbeiter werden in Entscheidungen einbezogen
- gemeinsame Zielbeschreibung
- offene Kommunikation,
- Eigeninitiative der Mitarbeiter

45 *individuelle Lösung*

z. B.: Ich möchte gerne mitentscheiden, wenn es darum geht, welche Ziele ich mit meiner Arbeit erreichen soll. Außerdem arbeite ich gerne selbstständig und eigenverantwortlich. Für mich ist also *Management by Objectives* die richtige Führungstechnik. Dass ich die abgesprochenen Ziele auch erreiche, wird hierbei durch regelmäßige Absprachen mit meinem Vorgesetzten überprüft.

46 Das Eigenkapital haben die Inhaber/Gesellschafter in ihr Unternehmen eingebracht. Das Eigenkapital wird zusammen mit dem Fremdkapital auf der Passivseite der Bilanz erfasst. Das Privatkonto (3001 P) ist ein Unterkonto des Kontos 3000 EK. Bei Privateinlagen (z. B. das Überschreiben eines privaten Grundstücks auf das Unternehmen) mehrt sich das Passivkonto 3001 P im Haben. Bei Privatentnahmen (z. B. Bezahlung eines Familienurlaubs vom Geschäftskonto) mindert sich 3001 P im Soll. Zum Ende des Geschäftsjahres wird das Konto 3001 P auf das Hauptkonto 3000 EK abgeschlossen. Überwiegen die Privateinlagen die Privatentnahmen, so mehrt sich das Eigenkapitalkonto.

47

a	0500 GR		an	3001 P	175.000,00 €
b	3001 P		an	2800 BK	4.300,00 €
c	3001 P		an	2880 KA	110,00 €
d	2800 BK		an	3001 P	6.000,00 €

48 **a** Der Unternehmer bringt ein Familiengrundstück im Wert von 35.000,00 € in das Unternehmen ein.

b	3001 P		an	3000 EK	31.000,00 €

Hinweis: Privateinlangen > Privatentnahmen (31.000,00 €)

c	3000 EK		an	8010 SBK	240.000,00 €

49 **Anlagegüter** sind Vermögensgegenstände, die langfristig im Unternehmen genutzt werden. In der Bilanz werden sie im Anlagevermögen (Aktivseite) erfasst.

50 Durch eine Rationalisierungsinvestition sollen die Kosten gesenkt werden. Dies kann auf vielfältige Weise erfolgen. Die Anschaffung einer Maschine kann z. B. zu einer Verringerung der Lohnkosten führen, weil menschliche Arbeitskraft ersetzt wird, oder sich die Energiekosten verringern, da der Energieverbrauch der Maschine geringer ist.

51 **Kauf eines Grundstücks:** *z. B.:*
- Grunderwerbsteuer
- Grundbuchgebühren

Kauf eines Lkws: *z. B.:*
- Überführungskosten
- Kosten für die Zulassung

52 Die Zuordnung erfolgt in Abhängigkeit vom Netto-Warenwert.
- **6800 BMK:** Bei Anschaffungskosten bis 250,00 € netto/Stück zählt das Arbeitsgerät als Kleingut, es wird sofort als Aufwand erfasst.
- **0890 GWG:** Bei Anschaffungskosten von 250,01 € bis 800,00 € netto/Stück wird das Arbeitsgerät auf 0890 GWG gebucht.
- **0860 BM:** Bei Anschaffungskosten größer als 800,00 € netto/Stück zählt das Arbeitsgerät zu den hochwertigen Wirtschaftsgütern.

53

0860 BM	1.050,00 €	an	4400 VE	1.249,50 €
2600 VORST	199.50 €			

Hinweis: Die Bildschirme sind nicht selbstständig nutzbar, sondern nur in Verbindung mit einem PC. Aus diesem Grund werden sie nicht auf 0890 GWG, sondern auf 0860 BM erfasst.

54 a

Listenpreis	6.500,00 €
– Anschaffungspreisminderung 15 %	975,00 €
+ Anschaffungsnebenkosten	
Transport	350,00 €
Software	570,00 €
= Anschaffungskosten	6.445,00 €

b

0700 MA	6.445,00 €	an	4400 VE	7.669,55 €
2600 VORST	1.224,55 €			

c Abschreibungssatz (%) = $\frac{100}{5} = 20$

d

Anschaffungskosten	6.445,00 €	
– AfA 2022	966,75 €	(Abschreibung für 9 Monate: Apr.–Dez.)
= Buchwert 31.12.2022	5.478,25 €	
– AfA 2023	1.289,00 €	(Abschreibung 12 Monate)
= Buchwert 31.12.2023	4.189,25 €	
– AfA 2024	1.289,00 €	
= Buchwert 31.12.2024	2.900,25 €	

e Buchung im Jahr der Anschaffung:

6520 ABSA		an	0700 MA	966,75 €

Buchung im darauffolgenden Jahr:

6520 ABSA		an	0700 MA	1.289,00 €

f Abschreibungen erhöhen die Aufwendungen und mindern den Gewinn. Durch Abschreibungen sinkt also die Steuerlast eines Unternehmens.

55

6540 ABGWG		an	0890 GWG	14.320,00 €

56 a

6700 AWMP	2.400,00 €	an	2800 BK	2.856,00 €
2600 VORST	456,00 €			

b

6160 FRI	240,00 €	an	2880 KA	285,60 €
2600 VORST	45,60 €			

57

Amortisationsrechnung für *Sky-Robot*	
Abschreibung/Jahr	$\frac{55.000,00\,€}{5} = 11.000,00\,€$
kalkulatorische Zinsen/Jahr	$\frac{55.000,00\,€ \cdot 3,4}{2 \cdot 100} = 935,00\,€$
Gewinn/Jahr	24.000 St. · 0,25 €/St. = 6.000,00 €
Amortisationszeit in Jahren	$\frac{55.000,00\,€}{(11.000,00 + 935,00 + 6.000,00)\,€/\text{Jahr}} = \textbf{3,07 Jahre}$

Die Maschine von *Tech-Evolution* hat mit 2,95 Jahren eine kürzere Amortisationsdauer als die Maschine von *Sky-Robot.*

58

Kostenvergleichsrechnung	Angebot *Metal-Shop*	Angebot *MetalPro*
variable Kosten/Jahr		
Personalkosten	0,25 € · 5.500 St. = 1.375,00 €	0,21 € · 5.500 St. = 1.155,00 €
Materialkosten	0,32 € · 5.500 St. = 1.760,00 €	0,35 € · 5.500 St. = 1.925,00 €
Energiekosten	0,28 € · 5.500 St. = 1.540,00 €	0,31 € · 5.500 St. = 1.705,00 €
sonstige variable Kosten/Jahr	1.900,00 €	2.050,00 €
Summe variable Kosten/Jahr	**6.575,00 €**	**6.835,00 €**
fixe Kosten		
Abschreibung	$\frac{34.900{,}00\ €}{16\ \text{Jahre}} = \mathbf{2.181{,}25\ €}$	$\frac{33.400{,}00\ €}{16\ \text{Jahre}} = \mathbf{2.087{,}50\ €}$
kalk. Zinsen/Jahr	$\frac{34.900{,}00\ € \cdot 4{,}5}{2 \cdot 100} = \mathbf{785{,}25\ €}$	$\frac{33.400{,}00\ € \cdot 4{,}5}{2 \cdot 100} = \mathbf{751{,}50\ €}$
sonstige fixe Kosten/Jahr	3.100,00 €	3.200,00 €
Summe fixe Kosten/Jahr	**6066,50 €**	**6.039,00 €**
Gesamtkosten	**12.641,50 €**	**12.874,00 €**

Beim Angebot von *Metal-Shop* ist die Drehbank zwar in der Anschaffung um 1.500,00 € teurer, die jährlich anfallenden Gesamtkosten aber um 232,50 € niedriger.

59 Die **goldene Finanzierungsregel** besagt, dass langfristiges Vermögen (AV) auch langfristig finanziert sein soll (EK + langfr. FK). Außerdem soll das kurzfristige Vermögen (UV) größer als das kurzfristige Fremdkapital sein.

60 $$\text{Eigenkapitalquote (\%)} = \frac{\text{Eigenkapital} \cdot 100}{\text{Gesamtkapital}} = \frac{1.370.000 \cdot 100}{3.666.400{,}00} = 37{,}37$$

(Die Eigenkapitalquote ist überdurchschnittlich.)

61 Je höher die Eigenkapitalquote eines Unternehmens ist, desto höher ist dessen finanzielle Stabilität in Krisenzeiten. Zudem ist das Unternehmen vergleichsweise unabhängig von Gläubigern und gilt bei Banken als kreditwürdig.

62 **Thesaurierung** (im Rahmen der Selbstfinanzierung) bedeutet, dass ein Unternehmen erwirtschaftete Gewinne im Unternehmen behält und nicht ausschüttet. Thesaurierung ist eine Form der Eigenfinanzierung.

63
- **Annuitätendarlehen:** Langfristiger Kredit, bei dem die Rückzahlungsrate (Annuität = Tilgung + Zinsen) über die Laufzeit konstant bleibt. Der Zinsanteil nimmt während der Laufzeit ab, die Tilgung steigt.
- **Abzahlungsdarlehen:** Langfristiger Kredit, bei dem die Tilgung konstant bleibt. Die Zinszahlungen sinken während der Laufzeit und damit auch die Annuität.
- **Kontokorrentkredit:** Kurzfristiger Kredit, bei dem die Bank einem Unternehmer das Recht einräumt, das Geschäftskonto bis zu einer bestimmten Kreditlinie zu überziehen. Der Kontokorrentkredit ist jederzeit verfügbar, allerdings auch sehr teuer.

64

	1	2	3	4	5
Kreditsumme (K)	36.000,00	**siehe (2)**	88.000,00	4.000,00	235.000,00
Zinssatz (p)	3,48	4,42	**siehe (3)**	3,80	**siehe (5)**
Laufzeit (t)	248	540	180	**siehe (4)**	720
Zinsen (€)	**siehe (1)**	35.802,00	2.310,00	38,00	22.748,00

(1) $Z = \frac{K \cdot p \cdot t}{100 \cdot 360}$

$Z = \frac{36.000,00 \cdot 3,48 \cdot 248}{100 \cdot 360} = 863,04\,€$

(2) $K = \frac{Z \cdot 100 \cdot 360}{p \cdot t}$

$K = \frac{35.802,00 \cdot 100 \cdot 360}{4,42 \cdot 540} = 540.000,00\,€$

(3) $p = \frac{Z \cdot 100 \cdot 360}{K \cdot t}$

$p = \frac{2.310,00 \cdot 100 \cdot 360}{88.000,00 \cdot 180} = 5,25\,\%$

(4) $t = \frac{Z \cdot 100 \cdot 360}{K \cdot p}$

$t = \frac{38,00 \cdot 100 \cdot 360}{4.000,00 \cdot 3,80} = 90 \text{ Tage}$

(5) $p = \frac{Z \cdot 100 \cdot 360}{K \cdot t}$

$p = \frac{22.748,00 \cdot 100 \cdot 360}{235.000,00 \cdot 720} = 4,84\,\%$

65 **a** Berechnung des Auszahlungsbetrags:

Angebot ***Bayernbank***

Kreditbetrag:	73.000,00 €	100 %
– Disagio:	365,00 €	0,5 %
Auszahlungsbetrag:	72.635,00 €	99,5 %

Angebot ***Easy Money Direktbank***

Kreditbetrag:	73.000,00 €	100 %
– Disagio:	1.095,00 €	1,5 %
Auszahlungsbetrag:	71.905,00 €	98,5 %

Berechnung der Kreditkosten für 4 Jahre (= 1.440 Tage):

Zinsen: $\frac{73.000 \cdot 4{,}1 \cdot 1.440}{100 \cdot 360}$	= 11.972,00 €	Zinsen: $\frac{73.000 \cdot 3{,}9 \cdot 1.440}{100 \cdot 360}$	= 11.388,00 €
+ Disagio:	365,00 €	+ Disagio:	1.095,00 €
Kreditkosten:	12.337,00 €	Kreditkosten:	12.483,00 €

Berechnung des effektiven Zinssatzes: $\left(p_{eff} = \frac{\text{Kreditkosten} \cdot 100 \cdot 360}{\text{Ausgezahltes Kapitel} \cdot \text{Tage}}\right)$

$p_{eff}: \frac{12.337{,}00 \cdot 100 \cdot 360}{72.635{,}00 \cdot 1.440} = 4{,}25\,\%$ $\quad$ $p_{eff}: \frac{12.483{,}00 \cdot 100 \cdot 360}{71.905{,}00 \cdot 1.440} = 4{,}34\,\%$

Das Angebot der *Bayernbank* weist die niedrigere effektive Verzinsung auf.

b

2800 BK	72.635,00 €	an	4250 LBKV	73.000,00 €
7510 ZAW	365,00 €			

66 a

6000 AWR	8.720,00 €	an	4400 VE	10.376,80 €
2600 VORST	1.656,80 €			

b Berechnung der Kosten des Lieferantenkredits = Nettoskonto:

Rechnungsbetrag	10.376,80 €		
– Skonto 3 % Skonto	311,30 €	**Nettoskonto**	**261,60 €**
= Überweisungsbetrag	10.065,50 €	VORST-Anteil	49,70 €

Berechnung Kosten Kontokorrentkredit = Zinsen über die Laufzeit von 50 Tagen (Zahlungsziel = Skontofrist):

$$Z = \frac{10.065{,}50 \cdot 11 \cdot 50}{100 \cdot 360} = \mathbf{153{,}77\ €}$$

Vergleich der Kosten:

Kosten Lieferantenkredit	261,60 €
– Kosten Kontokorrentkredit	153,77 €
= **Ersparnis** durch Kontokorrentkredit	**107,83 €**

Die Ersparnis bei Inanspruchnahme des Kontokorrentkredits beträgt 107,83 €.

c

4400 VE	10.376,80 €	an	2800 BK	10.065,50 €
			6002 NR	261,60 €
			2600 VORST	49,70 €

67 a

2800 BK		an	4200 KBKV	8.000,00 €

b	4250 LBKV	3.000,00 €	an	2800 BK	3.630,00 €
	7510 ZAW	630,00 €			
c	6750 KGV		an	2800 BK	6,50 €

68
- **Vorteile:** geringer Kapitalbedarf, Nutzung neuester Technik
- **Nachteile:** in der Regel teurer als Kauf, kein Eigentumserwerb

69 *z. B.:*
- Schaffung von Arbeitsplätzen in strukturschwachen Regionen
- Förderung der Entwicklung neuer Techniken (z. B. energiesparende Antriebe, effiziente Batterien)

70 a Ziele einer Geldanlage:
- **Liquidität** (Verfügbarkeit): Eine hohe Liquidität bedeutet, dass das angelegte Kapital schnell wieder verfügbar ist.
- **Sicherheit:** Hohe Sicherheit bedeutet, dass die Gefahr von Verlusten gering ist.
- **Rendite:** Eine hohe Rendite bedeutet, dass mit der Anlage eine hohe Wertsteigerung erzielt werden kann.

b Termineinlagen haben eine feste Laufzeit (geringe Liquidität), eine mäßige Verzinsung (Rendite), sind aber über ein Einlagensicherungssystem sehr gut abgesichert.

71

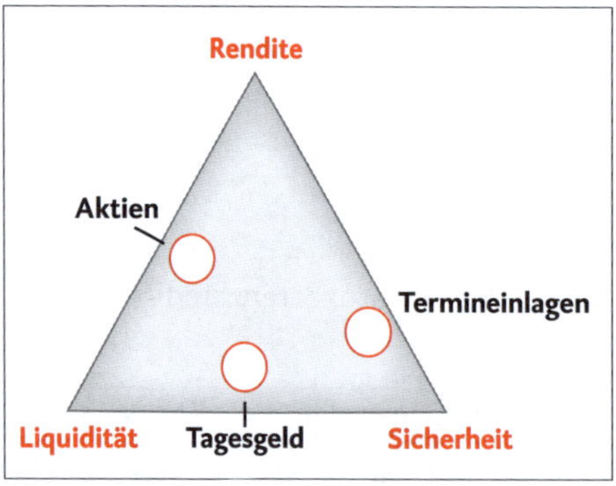

Aktien bieten die Chance auf eine hohe Rendite und können an jedem Börsentag verkauft werden (hohe Liquidität). Allerdings ist das Risiko wesentlich höher als z. B. bei Termineinlagen.

Tagesgeld ist jederzeit verfügbar und über die gesetzliche Einlagensicherung abgesichert. Allerdings ist die Rendite äußerst gering.

72 Bei **nachhaltigen Geldanlagen** werden neben den drei Anlagezielen des „magischen Dreiecks“ zusätzlich ethische, ökologische und/oder soziale Aspekte berücksichtigt. Beispiele: Geldanlage in Unternehmen, die umweltschonend produzieren, regionale Produkte verarbeiten oder gerechte Löhne bezahlen.

73 **Diversifizierung** bedeutet, dass das Vermögen auf verschiedene Anlageformen verteilt wird. Auf diese Weise kann das Verlustrisiko gemindert werden. Sinkt z. B. der Wert der Aktien, kann dies evtl. durch ansteigende Immobilienpreise ausgeglichen werden.

74 a

angelegtes Kapital	22.400,00 €
+ Zinsen	95,20 €
= Guthaben	22.495,20 €

$$p = \frac{Z \cdot 100 \cdot 360}{K \cdot t} = \frac{95{,}20 \cdot 100 \cdot 360}{22.400{,}00 \cdot 180} = 0{,}85\,\%$$

b

2800 BK		an	5710 ZE	95,20 €

75 a

Kurswert	13.300,00 €	*(250 · 53,20 €)*
+ Spesen	133,00 €	
= Banklastschrift	13.433,00 €	

1500 WP		an	2800 BK	13.433,00 €

b

2800 BK		an	5780 DDE	310,00 €

250 · 1,24 €

c

Kurswert	12.850,00 €	*(250 · 51,40 €)*
– Spesen	128,50 €	
= Bankgutschrift	12.721,50 €	
– Banklastschrift	13.433,00 €	
= **Kursverlust**	711,50 €	

2800 BK	12.721,50 €	an	1500 WP	13.433,00 €
7460 VAWP	711,50 €			

76 Der DAX 40 spiegelt die Entwicklung von 40 großen deutschen Aktiengesellschaften aus verschiedenen Branchen wider. Diese Konzerne haben viele mittelständische und kleine Unternehmen als Geschäftspartner. Man kann also davon ausgehen, dass die Entwicklung der DAX-Unternehmen Auswirkungen auf andere Unternehmen und damit auf die gesamte deutsche Wirtschaft hat.

77 **Geldanlage in Immobilien**

- **Vorteil:** *z. B.*: Immobilien verzeichneten in den vergangenen Jahren hohe Wertsteigerungen.
- **Nachteil:** *z. B.*: Beim Kauf fallen hohe Anschaffungsnebenkosten an.

Geldanlage in Edelmetallen

- **Vorteil:** *z. B.*: Der Wert von Gold und Silber steigt oft in wirtschaftlichen Krisenzeiten.
- **Nachteil:** *z. B.*: Die Preise von Edelmetallen unterliegen großen Schwankungen.

78

2800 BK	2.023,00 €	an	5400 EMP	1.700,00 €
			4800 UST	323,00 €

79 a falsch: Kommt es zu einem Insolvenzverfahren, entscheidet die Gläubigerversammlung, ob das Unternehmen aufgelöst (liquidiert) wird oder ob es mithilfe eines Insolvenzplans fortgeführt wird.

b falsch: Die Forderungen werden zweifelhaft. *(Hinweis: Es ist durchaus möglich, dass das insolvente Unternehmen gerettet wird und die Forderungen noch beglichen werden können. Beschließt die Gläubigerversammlung, dass das Unternehmen aufgelöst wird, werden die Vermögensteile verkauft. Der Insolvenzverwalter verteilt die Insolvenzmasse, also das durch den Verkauf erzielte Kapital, nach einer vorgegebenen Reihenfolge an die Gläubiger.)*

c richtig; *(Hinweis: Die UST wird erst korrigiert, wenn der tatsächliche Ausfall feststeht.)*

d richtig; *(Hinweis: Aus der Erfahrung vergangener Jahre kann man abschätzen, wie hoch der Anteil der einwandfreien Forderungen ist, der nicht bezahlt wird. In der Regel wird 1 % angesetzt.)*

e falsch: Der geschätzte Ausfall wird zum Nettowert abgeschrieben.

80

- *z. B.*: Gegen einen Schuldner wird ein Insolvenzverfahren eingeleitet.
- *z. B.*: Ein Schuldner zahlt trotz mehrmaliger Mahnung nicht.

81 **a**

2400 FO	33.320,00 €	an	5000 UEFE	28.000,00 €
			4800 UST	5.320,00 €

b

2470 ZWFO		an	2400 FO	33.320,00 €

c

Forderungen brutto	33.320,00 €
– Zahlungseingang	9.996,00 €
= Ausfall brutto	23.324,00 €
– UST	3.724,00 €
= Ausfall netto	19.600,00 €

2800 BK	9.996,00 €			
6950 ABFO	19.600,00 €			
4800 UST	3.724,00 €	an	2470 ZWFO	33.320,00 €

82 **a**

2400 FO	14.280,00 €	an	5000 UEFE	12.000,00 €
			4800 UST	2.280,00 €

b

2800 BK		an	2400 FO	14.280,00 €

83 **a**

6950 ABFO	5.293,00 €	an	2400 FO	6.298,67 €
4800 UST	1.005,67 €			

b

2800 BK	6.298,67 €	an	5495 EFO	5.293,00 €
			4800 UST	1.005,67 €

84

2400 FO	39,78 €	an	5710 ZE	24,78 €
			5430 ASBE	15,00 €

85 **Einzelwertberichtung:** Am Ende des Geschäftsjahres wird jede zweifelhafte Forderung einzeln bewertet (Konto 3670 EWB), d. h., es wird geschätzt, wie hoch der Ausfall jeweils sein wird. Der geschätzte Ausfall wird auf dem Konto 6950 ABFO als Aufwand erfasst (indirekte Abschreibung).

Pauschalwertberichtigung: Auch einwandfreie Forderungen unterliegen einem Ausfallrisiko. Hier setzt man den erwarteten Ausfall pauschal an (Konto 3680 PWB), da man nicht abschätzen kann, welcher Kunde in Zahlungsschwierigkeiten gerät. Der angesetzte Prozentsatz (z. B. 1 %) orientiert sich an Erfahrungswerten. Der geschätzte Ausfall wird ebenso auf 6950 ABFO erfasst.

86 **a**

Kunde	ZWFO brutto (E)	ZWFO netto (E)	Geschätzter Ausfall (%)	Geschätzter Ausfall (E)
...	...	...	...	...
BikePro	**siehe (2)**	**siehe (1)**	70	8.750,00
Rad-Spaß	8.044,40	6.760,00	**siehe (3)**	3.042,00
Geschätzte Ausfälle gesamt				**24.820,00**

(1) *BikePro:* geschätzter Ausfall (€): 8.750,00 = 70 %

ZWFO netto (€): x = 100 %

$$x = \frac{8.750,00 \cdot 100}{70} = 12.500,00\ € \text{ (ZWFO netto)}$$

(2) ZWFO netto (€): 12.500,00 = 100 %

ZWFO brutto (€): x = 119 %

$$x = \frac{12.500,00 \cdot 119}{100} = 14.875,00\ € \text{ (ZWFO brutto)}$$

(3) *Rad-Spaß:* ZWFO netto (€): 6.760,00 = 100 %

Ausfall netto (€): 3.042,00 = x

$$x = \frac{3.042,00 \cdot 100}{6.760,00} = 45\ \% \text{ (geschätzter Ausfall)}$$

b

6950 ABFO		an	3670 EWB	24.820,00 €

c

Einwandfreie Forderung 31.12.	285.600,00 €
– UST	45.600,00 €
= Nettowert	240.000,00 €
davon 1 % PWB	2.400,00 €

6950 ABFO		an	3680 PWB	2.400,00 €

87

- **Einnahmen** (Zahlungszuflüsse) und **Ausgaben** (Zahlungsabflüsse) bezeichnen Zahlungsvorgänge, z. B. Ein- und Auszahlungen auf dem Geschäftskonto. Sie erfolgen zu einem bestimmten Zeitpunkt und betreffen Bestandskonten.
- **Erträge** und **Aufwendungen** bezeichnen einen Wertezuwachs (z. B. Umsatzerlöse beim Verkauf) oder einen Werteverzehr (z. B. Verbrauch von Rohstoffen). Sie werden auf Erfolgskonten erfasst und beeinflussen den Unternehmenserfolg.

88 Es gibt Vorgänge, die sowohl das aktuelle als auch das folgende Geschäftsjahr betreffen, z. B. wenn ein Versicherungsbeitrag im November für ein ganzes Jahr im Voraus bezahlt wird. Für die Ermittlung des Unternehmenserfolgs ist im HGB vorgeschrieben, dass alle Aufwendungen und Erträge in dem Jahr zu erfassen sind, in das sie wirtschaftlich gehören. Aufwendungen und Erträge, die das neue Geschäftsjahr betreffen (z. B. der anteilige Versicherungsbeitrag für das neue GJ), müssen also abgegrenzt werden.

89 **a** **Buchung am 01.12.**

6700 AWMP	6.900,00 €	an	2800 BK	8.211,00 €
2600 VORST	1.311,00 €			

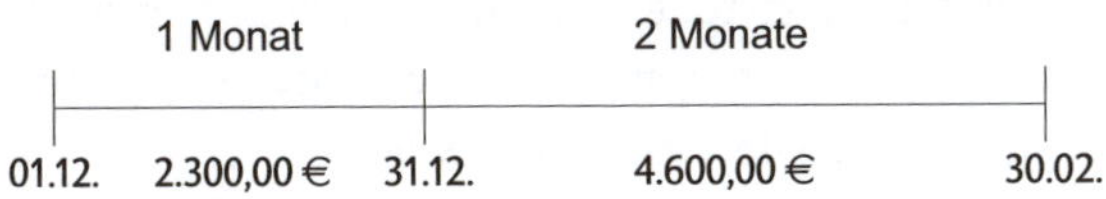

Buchung am 31.12.

2900 ARA		an	6700 AWMP	4.600,00 €

Buchung am 01.01.

6700 AWMP		an	2900 ARA	4.600,00 €

b **Buchung am 01.11.**

2800 BK	9.996,00 €	an	5400 EMP	8.400,00 €
			4800 UST	1.596,00 €

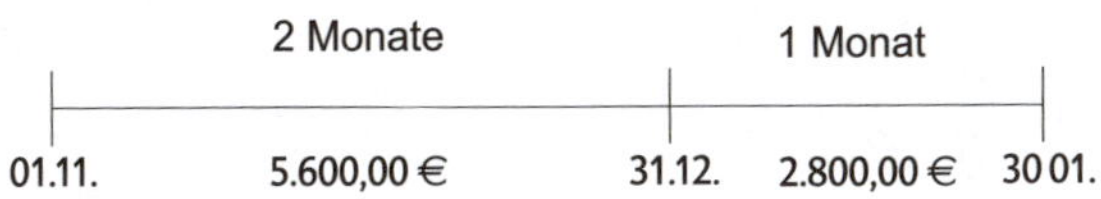

Buchung am 31.12.

5400 EMP		an	4900 PRA	2.800,00 €

Buchung am 01.01.

4900 PRA		an	5400 EMP	2.800,00 €

c **Buchung am 01.04.**

6900 VBEI		an	2800 BK	1.240,00 €

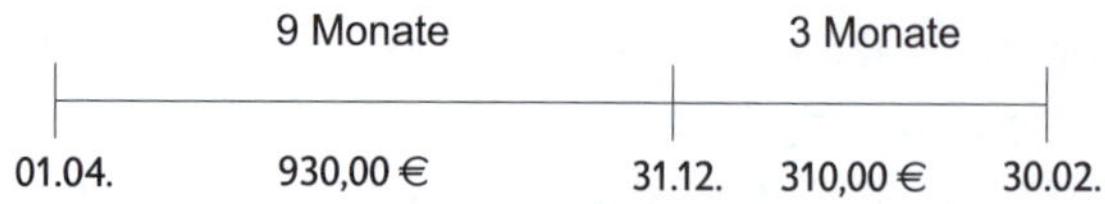

Buchung am 31.12.

2900 ARA		an	6900 VBEI	310,00 €

Buchung am 01.01.

6900 VBEI		an	2900 ARA	310,00 €

90 **Rückstellungen** werden am 31.12. für Aufwendungen gebildet, die dem alten Geschäftsjahr zuzurechnen sind, bei denen aber die Höhe der Schuld (Schätzung) und die Fälligkeit noch nicht feststehen. Rückstellungen (Nettobetrag!) werden z. B. gebildet für laufende Gerichtsprozesse oder notwendige Reparaturen, die erst im folgenden Geschäftsjahr ausgeführt werden.

91

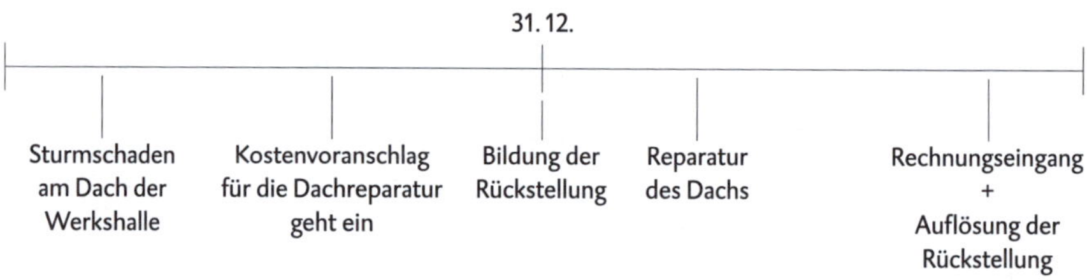

92 a

6160 FRI		an	3900 RST	24.500,00 €

b **Variante 1:**

Rückstellung	24.500,00 €
– tatsächlicher Aufwand	26.700,00 €
= zusätzlicher Aufwand (periodenfremd)	–2.200,00 €

3900 RST	24.500,00 €			
6990 PFAW	2.200,00 €			
2600 VORST	5.073,00 €	an	4400 VE	31.773,00 €

c **Variante 2:**

Rückstellung	24.500,00 €
– tatsächlicher Aufwand	21.400,00 €
= periodenfremder Ertrag	+3.100,00 €

3900 RST	24.500,00 €			
2600 VORST	4.066,00 €	an	4400 VE	25.466,00 €
			5490 PFE	3.100,00 €

93 a

6770 RBK		an	3900 RST	22.000,00 €

b

Rückstellung	22.000,00 €
– tatsächlicher Aufwand	0,00 €
= periodenfremder Ertrag	22.000,00 €

3900 RST		an	5490 PFE	22.000,00 €

94 a *z. B.*: *eX-treme Bike* hat die Leistung der Unternehmensberatung *Munich-Consulting* in Anspruch genommen. Die Rechnung über 4.350,00 € netto geht ein.

b *z. B.*: *eX-treme Bike* bildet eine Rückstellung für einen schwebenden Gewährleistungsprozess in Höhe von 5.400,00 € netto.

95 Beim **innerbetrieblichen Vergleich** (interner Vergleich/Zeitvergleich) werden die Kennzahlen eines Unternehmens über mehrere Jahre hinweg zur Bewertung der Entwicklung des eigenen Unternehmens beobachtet und verglichen.
Beim **zwischenbetrieblichen Vergleich** (externer Vergleich) werden die ermittelten Kennzahlen mit denen anderer Unternehmen der gleichen Branche verglichen und bewertet.

96 a *z. B.*: 2400 FO, 2470 ZWFO, 2600 VORST

b Die Kennzahlen **Barliquidität** und **Einzugsliquidität** geben Auskunft darüber, inwieweit ein Unternehmen seinen kurzfristigen Zahlungsverpflichtungen nachkommen kann. Die Barliquidität zeigt an, in welchem Umfang die Zahlungsverpflichtungen unmittelbar, also nur mit den flüssigen Mitteln, erfüllt werden können. Sie sollte über 20 % liegen.
Bei der Einzugsliquidität werden zusätzlich die Forderungen in die Berechnung mit einbezogen. Hier liegt der Idealwert bei 100 %.

c $$\text{Barliquidität} = \frac{\text{liquide Mittel} \cdot 100}{\text{kurzfristige Verbindlichkeiten}} = \frac{260.600{,}00 \cdot 100}{1.055.900{,}00} = 24{,}68\,\%$$

Die Barliquidität liegt bei 24,68 % und damit über dem Richtwert von 20 %. *eX-treme Bike* sollte keine Probleme haben, die fälligen kurzfristigen Verbindlichkeiten nur mit den flüssigen Mitteln zu begleichen. (Ein solches Problem kann evtl. durch die Inanspruchnahme eines Kontokorrentkredits aufgefangen werden.)

$$\text{Einzugsliquidität} = \frac{(\text{flüssige Mittel} + \text{Forderungen}) \cdot 100}{\text{kurzfristiges Fremdkapital}}$$

$$= \frac{(260.600{,}00 + 642.700{,}00) \cdot 100}{1.055.900{,}00} = 85{,}55\,\%$$

Die Einzugsliquidität liegt unter dem Idealwert von 100 %, ist mit 85,55 % aber nicht allzu weit davon entfernt. *eX-treme Bike* sollte darauf achten, dass die Einzugsliquidität nicht weiter sinkt, um nicht in Zahlungsschwierigkeiten zu geraten.

d Mit den Kennzahlen der Anlagendeckung wird überprüft, inwieweit das Anlagevermögen durch langfristiges Vermögen gedeckt ist. Gemäß der goldenen Bilanzregel soll langfristiges Vermögen auch langfristig finanziert sein.

Die Anlagendeckung I zeigt an, inwieweit das Anlagevermögen durch das Eigenkapital gedeckt ist – der Wert sollte über 60 % liegen. Bei der Anlagendeckung II wird noch das langfristige Fremdkapital miteinbezogen – hier ist der Zielwert mindestens 100 %.

e $$\text{Anlagendeckung I} = \frac{\text{Eigenkapital} \cdot 100}{\text{Anlagevermögen}} = \frac{1.470.600{,}00 \cdot 100}{2.112.000{,}00} = 69{,}63\,\%$$

Die Anlagendeckung I beträgt 69,63 %. Sie liegt im unteren Bereich der Zielvorgabe und ist noch als akzeptabel zu bezeichnen.

f $$\text{Anlagendeckung II} = \frac{(\text{EK} + \text{langfrist. FK}) \cdot 100}{\text{Anlagevermögen}}$$

$$= \frac{(1.470.600{,}00 + 1.240.200{,}00) \cdot 100}{2.112.000{,}00} = 128{,}35\,\%$$

Die Anlagendeckung II soll über 100 % liegen. Bei *eX-treme Bike* ist diese Anforderung erfüllt.

g

EK am 01.01.	1.421.800,00 €
+ Jahresüberschuss	107.500,00 €
+ Privateinlagen	25.200,00 €
– Privatentnahmen	83.900,00 €
= EK am 31.12.	1.470.600,00 €

$$\text{Eigenkapitalrentabilität} = \frac{\text{Gewinn} \cdot 100}{\text{Eigenkapital } \textbf{(am Jahresanfang)}}$$

$$= \frac{107.500,00 \cdot 100}{1.421.800,00} = 7,56\ \%$$

Die Eigenkapitalrentabilität beträgt 7,56 %.

Mit 7,56 % liegt die EK-Rentabilität über der Verzinsung auf dem Kapitalmarkt. Allerdings sind der Unternehmerlohn und das unternehmerische Risiko nicht ausreichend abgedeckt.

97 In der **Geschäftsbuchführung** (Rechnungskreis I) werden alle Vorgänge im Unternehmen erfasst. Die **Betriebsbuchführung** (Rechnungskreis II) erfasst nur Vorgänge, die mit dem Betriebszweck zu tun haben (bei *eX-treme Bike*: Herstellung und Verkauf von Fahrrädern). Die Betriebsbuchführung (Kosten- und Leistungsrechnung) bildet die Grundlage für die Berechnung der Verkaufspreise.

98 Aufwendungen bezeichnen den gesamten Werteverzehr eines Unternehmens. Als Kosten hingegen gelten nur Aufwendungen, die mit dem Betriebszweck zu tun haben, z. B. der Kauf von Rohstoffen für die Fahrradproduktion. Neutrale Aufwendungen sind Aufwendungen, die nichts mit dem Betriebszweck zu tun haben (z. B. Verluste, die beim Verkauf von Aktien entstehen).
Hinweis: Kosten und Leistungen sind im Kontenplan mit einem Sternchen versehen.

99 Erträge sind alle Wertezuflüsse in ein Unternehmen. Als Leistungen gelten dagegen nur Erträge, die mit dem Betriebszweck zu tun haben, z. B. der Verkauf von Fahrrädern. Neutrale Erträge sind Erträge, die nichts mit dem Betriebszweck zu tun haben, z. B. Mieterträge oder Dividendenerträge.

100 Abschreibungen werden in der Geschäftsbuchführung (RK I) und der Betriebsbuchführung (RK II) unterschiedlich angesetzt. Im Rechnungskreis I erfolgt die Abschreibung in der Regel nach steuerlichen Gesichtspunkten. In der Betriebsbuchführung (RK II) werden kalkulatorische Abschreibungen angesetzt. Die kalkulatorischen Abschreibungen gehen in die Berechnung der Verkaufspreise ein, sie orientieren sich am tatsächlichen Werteverlust. Da im RK I und im RK II unterschiedliche Abschreibungsbeträge angesetzt werden, werden die kalkulatorischen Abschreibungen auch als Anderskosten bezeichnet.

101

Rechnungskreis I		Rechnungskreis II	
• Geschäftsbuchführung • Erfolgsrechnung		• Betriebsbuchführung	
GUV		KLR	
Aufwendungen **Gesamtergebnis**	Erträge	Kosten **Betriebsergebnis**	Leistungen

Hinweis: Zum besseren Verständnis der Systematik wurden hier die Begriffe in einer anderen Reihenfolge eingetragen und schematisch dargestellt.

102

Aufwendungen	–	neutrale Aufwendungen	= Kosten
95.200,00 €	–	15.800,00 €	= 79.400,00 €

Erträge	–	Leistungen	= neutrale Erträge
103.400,00 €	–	84.500,00 €	= 18.900,00 €

Erträge	–	Aufwendungen	= Gesamtergebnis
103.400,00 €	–	95.200,00 €	= 8.200,00 €

Leistungen	–	Kosten	= Betriebsergebnis
84.500,00 €	–	79.400,00 €	= 5.100,00 €

neutrale Erträge	–	neutrale Aufwendungen	= neutrales Ergebnis
18.900,00 €	–	15.800,00 €	= 3.100,00 €

103

- **Einzelkosten:** können den Kostenträgern (FE) direkt zugerechnet werden, z. B. Aluminiumrohre für Fahrradrahmen, Fertigungslöhne
- **Sondereinzelkosten:** können den Kostenträgern direkt zugeordnet werden, fallen aber nur selten an, z. B. Spezialwerkzeug, Konstruktionspläne
- **Gemeinkosten:** können den Kostenträgern nur indirekt über Verteilungsschlüssel zugeordnet werden, z. B. Miete, Betriebsstoffe

104 Mithilfe des Betriebsabrechnungsbogens werden die Gemeinkosten verursachungsgerecht auf die vier Kostenstellen Material, Fertigung, Verwaltung und Vertrieb verteilt.

105 **Miete:** Quadratmeter; **Strom:** Kilowattstunden; **Hilfslöhne:** Arbeitsstunden

106

Kostenträgerstückrechnung	EUR	EUR	%	%
Fertigungsmaterial	268,00		100	
+ Materialgemeinkosten	29,48		11	
= Materialkosten		297,48	111	
Fertigungslöhne	345,00			100
+ Fertigungsgemeinkosten	255,30			74
+ Sondereinzelkosten d. Fertigung	32,00			
= Fertigungskosten		632,30		
= Herstellkosten (HK)		929,78	100	
+ Verw.- u. Vertriebsgemeinkosten		74,38	8	
= Selbstkosten (SK)		1.004,16	108	

107 a Fertigungsmaterial: 87.900,00 € = 100 %

Gemeinkosten: 9.669,00 € = x

$$\text{Materialgemeinkostenzuschlagsatz} = \frac{9.669,00 \cdot 100}{87.900,00} = 11\,\%$$

b

Gesamtkalkulation	EUR	EUR
Fertigungsmaterial (FM)	87.900,00	
+ Materialgemeinkosten (MGK)	9.669,00	
= Materialkosten		97.569,00
Fertigungslöhne (FL)	137.600,00	
+ Fertigungsgemeinkosten (FGK)	112.832,00	
+ Sondereinzelkosten d. Fertigung (SEKF)	4.300,00	
= Fertigungskosten		254.732,00
= Herstellkosten der Erzeugung (HKdE)		352.301,00
– Mehrbestand		0,00
+ Minderbestand		8.300,00
= Herstellkosten des Umsatzes (HKdU)		360.601,00
+ Verwaltungsgemeinkosten (VwGK)		14.424,04

+ Vertriebsgemeinkosten (VtGK)		18.030,05
= Selbstkosten des Umsatzes (SKdU)		393.055,09

c HKdU: 360.601,00 € = 100 %
Vw-/VtGK: (14.424,04 € + 18.030,05 €) = x

$$x = \frac{32.454{,}09 \cdot 100}{360.601{,}00} = 9\,\%$$

d *z. B.*: Verringern des Stromverbrauchs durch den Einsatz energiesparender Geräte, Abschalten der PCs nach Feierabend

108 • **Vollkostenrechnung:** Hier werden alle anfallenden Kosten (Einzel- und Gemeinkosten) auf die Kostenstellen verteilt. Bei der Vollkostenrechnung geht man davon aus, dass sich ein Auftrag nur lohnt, wenn alle Kosten abgedeckt sind und ein Gewinn erzielt werden kann.

• **Teilkostenrechnung:** Hier wird zunächst überprüft, ob mit einem Auftrag die variablen Kosten abgedeckt werden können. Ein positiver Deckungsbeitrag ($NVE - K_V > 0$) trägt zur Deckung der fixen Kosten bei und verbessert das Betriebsergebnis.

Die Teilkostenrechnung kann eine kurzfristige Entscheidungshilfe bieten, langfristig müssen die Bedingungen der Vollkostenrechnung erfüllt sein.

109 **Variable Kosten** sind abhängig von der produzierten Menge, z. B. Fertigungsmaterial und Fertigungslöhne.
Die Höhe der **fixen Kosten**, z. B. Mietaufwendungen oder Gehälter, ist dagegen unabhängig von der produzierten Menge.

110 a

Modell	E-Mountain (940 Stück)	E-Race (670 Stück)	gesamt
NVE/Stück	1.890,00 €	2.490,00 €	
– variable Kosten/Stück	970,00 €	1.330,00 €	
Deckungsbeitrag/Stück	920,00 €	1.160,00 €	
Deckungsbeitrag gesamt	864.800,00 €	777.200,00 €	1.642.000,00 €
– fixe Kosten			1.270.000,00 €
Betriebsergebnis			372.000,00 €

Im Zweigwerk wurde im 1. Quartal ein Gewinn von 372.000,00 € erwirtschaftet.

b Kapazität: 1.200 Stück = 100 %
Produktion: 940 Stück = x

$$x = \frac{940 \cdot 100}{1.200} = 78{,}33\,\%$$

c

Modell	E-Mountain (940 Stück)	E-Race (670 Stück)	gesamt
NVE/Stück		1.934,78 €	▲
– variable Kosten/Stück		1.330,00 €	❹
Deckungsbeitrag/Stück		604,78 €	
Deckungsbeitrag gesamt	864.800,00 € →	405.200,00 €	← 1.270.000,00 € ▲❷
– fixe Kosten		❸	1.270.000,00 €
Betriebsergebnis			0,00 € ❶

Hinweis: Der notwendige DB pro Stück entspricht dem Quotient aus notwendigen DB gesamt und Absatzmenge (405.200,00 € : 670 Stück).

Die langfristige Preisuntergrenze (alle Kosten sind gedeckt, auf Gewinn wird verzichtet) von „E-Race" beträgt 1.934,78 €.

111 **a** *z. B.*: Anstieg der Gehälter, steigende Energiekosten, höhere Miete

b *z. B.*: durch den Einkauf günstigerer Rohstoffe oder Hilfsstoffe

c $$\text{Gewinnschwellenmenge} = \frac{\text{Fixkosten}}{\text{db / Stück}} = \frac{1.310.000{,}00}{(1.890{,}00 - 920{,}00)} = 1.350{,}52$$

Es müssen 1.351 Stück des Modells „E-Mountain" produziert und verkauft werden, um in die Gewinnzone zu kommen.

d

Modell	E-Mountain	E-Race	E-City	E-Tour
NVE/Stk	1.890,00 €	2.490,00 €	1.400,00 €	1.200,00 €
k_V/Stk	920,00 €	1.200,00 €	1.280,00 €	980,00 €
db/Stück	970,00 €	1.290,00 €	120,00 €	220,00 €
DB gesamt	814.800,00 €	567.600,00 €	43.200,00 €	116.600,00 €

Es sollte das Modell „E-City" eliminiert werden, da es den niedrigsten Gesamtdeckungsbeitrag aufweist.

Kontenplan

AKTIVE BESTANDSKONTEN

Kontenklasse 0: Sachanlagen

05 Grundstücke und Bauten
- 0500 GR Grundstücke
- 0530 BVG Betriebs- und Verwaltungsgebäude

07 Technische Anlagen und Maschinen
- 0700 MA Maschinen und Anlagen

08 Betriebs- und Geschäftsausstattung
- 0840 FP Fuhrpark
- 0860 BM Büromaschinen
- 0870 BGA Büromöbel und Geschäftsausstattung
- 0890 GWG Geringwertige Wirtschaftsgüter

KONTENKLASSE 1: Finanzanlagen

15 Wertpapiere des Anlagevermögens
- 1500 WP Wertpapiere des Anlagevermögens

Kontenklasse 2: Umlaufvermögen und ARA

20 Roh-, Hilfs-, Betriebsstoffe, Fremdbauteile
- 2000 R Rohstoffe (Fertigungsmaterial)
- 2010 F Fremdbauteile
- 2020 H Hilfsstoffe
- 2030 B Betriebsstoffe

24 Forderungen aus Lieferungen und Leistungen
- 2400 FO Forderungen aus Lieferungen und Leistungen
- 2470 ZWFO Zweifelhafte Forderungen

26 Sonstige Vermögensgegenstände
- 2600 VORST Vorsteuer

28 Flüssige Mittel
- 2800 BK Bank (Kontokorrentkonto)
- 2880 KA Kasse

29 Aktive Rechnungsabgrenzung
- 2900 ARA Aktive Rechnungsabgrenzung

PASSIVE BESTANDSKONTEN

Kontenklasse 3: Eigenkapital und Rückstellungen

30 Eigenkapital
- 3000 EK Eigenkapital
- 3001 P Privatkonto

36 Wertberichtigungen
- 3670 EWB Einzelwertberichtigung
- 3680 PWB Pauschalwertberichtigung

39 Sonstige Rückstellungen
- 3900 RST Rückstellungen

Kontenklasse 4: Verbindlichkeiten und PRA

42 Verbindlichkeiten bei Kreditinstituten
- 4200 KBKV Kurzfristige Bankverbindlichkeiten (bis zu einem Jahr)
- 4250 LBKV Langfristige Bankverbindlichkeiten

44 Verbindlichkeiten aus Lieferungen und Leistungen
- 4400 VE Verbindlichkeiten aus LL

48 Sonstige Verbindlichkeiten
- 4800 UST Umsatzsteuer
- 4830 VFA Sonst. Steuerverbindlichkeiten
- 4840 VSV Verbindlichkeiten gegenüber Sozialversicherungsträgern

49 Passive Rechnungsabgrenzung
- 4900 PRA Passive Rechnungsabgrenzung

ERTRAGSKONTEN

KONTENKLASSE 5: Erträge

50 Umsatzerlöse für eigene Erzeugnisse
- * 5000 UEFE Umsatzerlöse für eigene Erzeugnisse
- 5001 EBFE Erlösberichtigungen

54 Sonstige betriebliche Erträge
- 5400 EMP Erlöse aus Vermietung und Verpachtung
- * 5430 ASBE Andere sonst. betriebl. Erträge
- 5490 PFE Periodenfremde Erträge
- 5495 EFO Erträge aus abgeschriebenen Forderungen

56 Erträge aus anderen Wertpapieren
- 5650 EAWP Erträge aus dem Abgang von Wertpapieren des Anlagevermögens

57 Zinsen und ähnliche Erträge
- 5710 ZE Zinserträge
- 5780 DDE Dividendenerträge

AUFWANDSKONTEN

Kontenklasse 6: Betriebl. Aufwendungen

60 Aufwendungen für Roh-, Hilfs-, Betriebsstoffe und Fremdbauteile
- * 6000 AWR Aufwendungen für Rohstoffe
- 6001 BZKR Bezugskosten für Rohstoffe
- 6002 NR Nachlässe für Rohstoffe
- * 6010 AWF Aufwendungen für Fremdbauteile
- 6011 BZKF Bezugskosten für Fremdbauteile
- 6012 NF Nachlässe für Fremdbauteile
- * 6020 AWH Aufwendungen für Hilfsstoffe
- 6021 BZKH Bezugskosten für Hilfsstoffe
- 6022 NH Nachlässe Hilfsstoffe
- * 6030 AWB Aufwendungen für Betriebsstoffe
- 6031 BZKB Bezugskosten für Betriebsstoffe
- 6032 NB Nachlässe für Betriebsstoffe
- * 6040 AWVM Aufwendungen für Verpackungsmaterial

61 Aufwendungen für bezogene Leistungen
- * 6140 AFR Ausgangsfrachten
- * 6160 FRI Fremdinstandhaltung

* Kennzeichnung für Konten, die in die Kosten- und Leistungsrechnung eingehen.

62 Löhne und Gehälter
* 6200 LG Löhne und Gehälter

64 Soziale Abgaben
* 6400 AGASV Arbeitgeberanteil zur Sozialversicherung

65 Abschreibungen
* 6520 ABSA Abschreibungen auf Sachanlagen
* 6540 ABGWG Abschreibungen auf GWG

67 Aufwendungen für die Inanspruchnahme von Rechten und Diensten
* 6700 AWMP Mieten, Pachten
* 6730 GEB Gebühren
* 6750 KGV Kosten des Geldverkehrs
* 6760 PROV Provisionen
* 6770 RBK Rechts- und Beratungskosten

68 Aufwendungen für Kommunikation
* 6800 BMK Büromaterial und Kleingüter
* 6820 KOM Kommunikationsgebühren
* 6850 REK Reisekosten
* 6870 WER Werbung

69 Sonstige Aufwendungen
* 6900 VBEI Versicherungsbeiträge

6950 ABFO Abschreibung auf Forderungen
6990 PFAW Periodenfremde Aufwendungen

Kontenklasse 7: Weitere Aufwendungen

70 Betriebliche Steuern
* 7000 GWST Gewerbesteuer
* 7020 GRST Grundsteuer
* 7030 KFZST Kraftfahrzeugsteuer

74 Verluste aus Finanzanlagen
7460 VAWP Verluste aus Wertpapieren des Anlagevermögens

75 Zinsen
* 7510 ZAW Zinsaufwendungen

KONTEN FÜR DIE ERGEBNISRECHNUNG

Kontenklasse 8: Ergebnisrechnungen

8010 SBK Schlussbilanzkonto
8020 GUV Gewinn-und Verlustkonto

Kontenklasse 9: Kosten- und Leistungsrechnung

* Kennzeichnung für Konten, die in die Kosten- und Leistungsrechnung eingehen.

Stichwortverzeichnis

PRÜFUNGS-ANGST

STOPP DIE PANIK

Mit der Fußsohlen-Methode

Prüfungen können Angst- und Fluchtsituationen sein. Dein Körper schüttet Adrenalin aus und dämpft das Gefühl in den Füßen. Z. B. beim Weglaufen ist es gut, wenn man die Füße nicht spürt. Eine Prüfung ist aber **keine Gefahrensituation**. Signalisiere deinem Körper, dass du nicht weglaufen musst, und bring das Gefühl in deine Füße zurück:

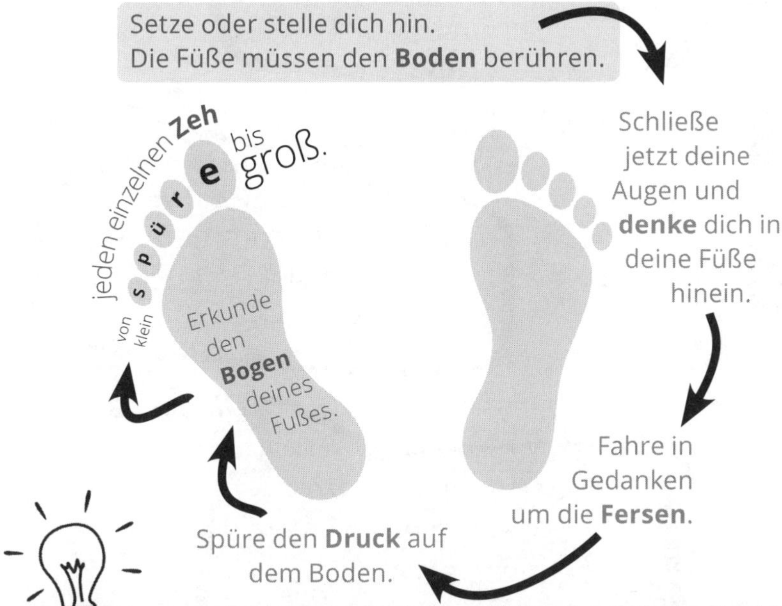

Dein Körper **fühlt** die Füße wieder und denkt, er sei in keiner Panik-Situation, sondern in **Sicherheit**.

Eure Lern**tipps** aus der Insta-Community

Chiara, 16

Verwendet Farben zum Lernen! Es wird viel übersichtlicher. Und wenn man den Lernzettel anschaut, ist man viel motivierter beim Lernen, weil er schön bunt ist.

Özgür, 20

Vergiss nicht, wie weit du bisher gekommen bist, und wie viel Potenzial in dir steckt.

Miriam, 18

Bewusst eine Auszeit zu nehmen ist effektiver, als alles nur aufzuschieben.

www.stark-verlag.de

Mehr Lerntipps findet ihr in unserer Instagram-Community: **@stark_verlag**

STARK